한일 수교 60주년의 역사적 성찰

- 과거를 성찰하고, 미래를 여는 한일협력의 비전 -

한일 수교 60주년의 역사적 성찰

- 과거를 성찰하고, 미래를 여는 한일협력의 비전 -

초판 1쇄 펴낸날 | 2025년 11월 11일

지은이 | 이상진
펴낸이 | 김기호
펴낸곳 | 한가람서원

주소 | 서울시 중구 마른내로 72, 504호
전화 | 02-336-5695
팩스 | 02-336-5629
이메일 | bookmake@naver.com

등록번호 | 제2-1863호
ISBN | 978-89-90356-68-0 03330

한일 수교 60주년의 역사적 성찰

- 과거를 성찰하고, 미래를 여는 한일협력의 비전 -

프롤로그

2025년은 한일 수교 60주년이다. 1965년 6월 22일 한일기본조약이 체결된 이후 양국은 정치긴장과 국민감정의 파고를 넘으며 경제·문화·안보 등 여러 방면에서 상호 의존과 협력을 다져왔다. 그 과정은 평탄하지 않았다. 과거의 아픔은 여전히 현재 속에 살아 있으며, 미래는 매우 복합적인 형태로 우리 앞에 놓여 있다.

그간 한일관계는 '가깝고도 먼 나라'로 회자되어 왔다. 이웃한 나라라는 지리적 근접성과 이로 인해 잦았던 경제·문화 교류는 가까운 나라라는 의미요, 일본의 침략 행위와 일제강점기 식민 지배, 그리고 이를 둘러싼 인식 차이는 먼 나라라는 의미다. 특히 일제강점기 강제징용과 위안부 문제, 해방 이후 일본의 독도영유권 주장과 역사교과서 왜곡, 정치인의 야스쿠니 신사참배 등은 한국인 감정에 깊이 뿌리내려 양국 간 화해와 협력을 어렵게 만들고 있다. 한일 수교 60주년, 이 시점에 우리는 새로운 질문을 던져야 한다.

"한일 수교 60주년은 우리에게 무엇이었는가?"
"향후 100년을 함께하기 위한 조건과 내용은 무엇인가?"
"과거 사실인정과 미래 공동번영을 도모하는 길은 무엇인가?"

이 책은 이러한 물음에 대한 성찰의 결과이자, 미래를 위한 담대한 제안이다. 과거를 성찰하고, 미래를 열어가는 일은 역사학자나 정치가만의 몫이 아니다. 양국 시민 개개인의 기억과 경험에서, 공감과 이해의 기반을 넓히는 일이 더욱 중요하다. 그리고 이야말로 진정한 '국민외교'의 시작이자 끝이다. 한일 두 나라는 과거를 기억하되, 거기에 머무르지 않고 미래로 나아가야 한다.

2023년 캠프 데이비드에서 열린 한·미·일· 정상회의는 새로운 가능성을 열어주었다. 자유 인권 법치라는 공동의 가치를 중심으로, 안보 경제 기술을 포괄하는 협력의 틀이 마련되었기 때문이다. 이는 전략적 이해관계를 뛰어넘어, 공동의 미래를 설계하는 플랫폼으로의 진화이기도 하다. 나아가 한국 미국 일본이 공동으로 새로운 국제질서의 중심축 역할을 할 수 있다는 비전에서 우리는, 한일관계에서도 새로운 길이 열릴 수 있음을 보있다는 의미이기도 하다.

한일 수교 60주년은 '과거의 기념'이 아니라 '미래의 약속'이어야 한다. 이는 양국이 '수교의 기억'을 넘어, '동반자의 미래'로 나아가야 한다는 뜻이다. 지난 시대 갈등과 위기를 극복하고, 협력과 공영의 시대를 개척할 수만 있다면, 한일 양국은 동아시아 평화와 세계질서 재편에 기여하는 긴밀한 동반자가 될 것이다.

이 책에서 우리는 한일관계에서의 역사 회고, 현실 상황의 냉철한 분석, 미래를 향한 전략적 비전을 다루고자 한다. 문화와 감정, 경제와 안보 등 다양한 분야에서 양국이 신뢰의 다리를 구축하는데 이 책이 하나의 디딤돌이 되기를 바란다. 아울러 '다시 함께 걷는 100년'을 위하여, 모쪼록 양국이 공존과 공영의 비전을 찾는 여정이길 바란다.

2025년 광복절을 앞두고
이상진 씀

목 차

제1부

한일 수교의 역사적 배경과 의미

제1장 조선 말기부터 해방 이후까지 한일관계 개관

1. 서론 – 한일관계, 500년 역사 속 갈등과 교류

말해 무엇하랴.
가깝고도 먼 한일 양국 관계를.
거기서 벌어진 갖은 갈등과 협력 관계를.

삼국시대에서 조선시대까지 양국의 지속된 교역과 문화교류, 사절왕래, 통신사외교 등은 참으로 두 나라가 가까운 이웃이었음을 말해준다. 반면 임진왜란과 정유재란, 1910년 한일합병에 따른 일제강점은 두 나라가 끝도 없이 먼 이웃이었음을 말해준다. 그러니 한일관계가 단순한 외교사 이상의 복합적 내러티브를 품고 있을 수밖에.

조선 말기부터 해방에 이르는 50년 한일관계는 극도의 결정적 전환기였다. 이 시기 조선은 일본제국주의에 주권을 빼앗기고, 식민지로 전락했다. 1876년 강화도조약을 계기로 일본은 조선을 '근대화'라는 이름 아래 강제 개방시켰고, 결국 1910년 한일합병조약으로 조선은 35년간 식민지 지배를 겪게 된다.

2. 강화도조약과 일본의 침탈 시작(1876)

1876년 체결된 강화도조약은 조선 식민지화의 첫 단추였다. 당시 일본은 메이지유신 이후 근대국가로 발돋움하며 외교·군사 확장을 꾀하던 시기였다. 쇄국 정책을 유지하고 있던 조선은, 이른바 운요호 사건이라는 일본의 군사 도발을 계기로 일본과 불평등조약인 강화도조약을 체결했다. 체결했다기보다 체결 당했다는 표현이 적절할 만큼 조선은 이 조약에서 일본에 외교권과 치외법권, 강제개항을 허용했다.

강화도조약은 표면적으로 '조선의 근대 외교 시작'이었지만, 실제로는 '조선의 식민지화 서막'이었다. 이후 임오군란과 갑신정변, 동학농민운동 등 조선 내 혼란을 틈타 일본은 군대를 파병하고, 내정에 본격 간섭하기 시작했다.

3. 러일전쟁 이후의 정세와 을사늑약(1905)

1904년 러일전쟁에서 일본이 승리한 뒤, 한반도 지배권은 사실상 일본 손으로 넘어갔다. 1905년 일본은 한국 외교권을 강제로 박탈하는 을사늑약을 체결하였다. 대한제국 고종은 끝까지 조약 무효를 선언하고 국제사회에 도움을 호소했으나, 열강 제국은 고종의 호소에 침묵하거나 일본의 을사늑약 체결을 묵인했다. 이후 1907년 정미7조약, 1910년 한일합병조약 체결로 식민 지배가 공식화 됐다.

을사늑약 전후로 조선민중의 저항도 만만찮았다. 명성황후 시해와 을사오적에 분노한 조선민중은 전국에서 의병을 일으켜 강력히 저항하였고, 이는 훗날 3·1운동으로 이어지는 국민항쟁의 씨앗이 되었다.

4. 일제강점기 - 억압과 저항의 시대(1910~1945)

1910년 한일합병조약이 체결됨으로써 조선은 일본의 식민지로 전락했다.

이후 35년간 조선은 정치 억압, 문화 말살,· 경제 수탈이라는 총체적 식민 지배를 경험했다. 1910년대의 무단 통치, 1920년대의 문화 통치, 1930~40년대의 전시동원 체제는 모두 조선을 일본에 복속시키는 수단이었다.

그러나 이 시기, 독립운동도 활발히 전개되었다. 1919년 3·1운동과 대한민국임시정부 수립, 국내외 무장 항일투쟁, 문화운동과 교육운동 등은 민족혼을 지켜낸 역사 현장이었다. 이후로도 조선인들은 상해, 만주, 연해주 등지에서 독립운동을 이어가며, 해방 후 한반도 운명에 지대한 영향을 미칠 인재들을 양성했다.

5. 해방 이후의 과도기 - 미군정과 분단 체제 형성

1945년 8월 15일 일본 패전으로 한반도는 광복을 맞이했다. 그러나 그것은 온전한 자유와 자주독립이 아니었다. 미·소 냉전 구도의 희생양이 된 한반도는 북위 38도를 경계로 남북으로 분단되었다. 남한에는 미국군정이, 북한에는 소련군정이 수립되면서 남북은 새로운 갈등의 시대로 접어들었다.

해방 직후인 이 시기, 일본과의 외교는 전혀 논의될 상황이 아니었다. 일본은 패전국으로서 미국 통제를 받았고, 한국은 독립국가로서 국가 정체성 정립과정이었기 때문이다. 한국과 일본은 외교단절 상태에서 과거사 정리라든지, 손해배상과 같은 그 어떤 사안에도 손댈 수 없는 처지였다.

제2장 1965년 한일기본조약의 체결

1. 전후 동북아 질서와 냉전 압박

제2차 세계대전 이후 동북아는 미·소 냉전 구도의 핵심 전장이 되었다. 한반도는 남북 분단 2년 만에 미국과 소련의 대리전 양상인 6.25전쟁(1950~1953년)을 겪으면서 냉전 최전선이 되었다. 미국은 자유진영의 안보라인을 유지하기 위해 한국과 일본의 전략적 연대를 강력히 원했다. 이는 두 나라가 과거사를 뒤로하고 '국익'이라는 이름의 실용 외교관계를 수립하는 배경이 되었다.

미국은 1950년대 후반부터 한일관계 정상화를 촉구했다. 일본은 전후 경제부흥에 성공하고 있었으며, 한국은 전쟁의 폐허에서 재건과 성장의 출발점에 서 있었다. 미국은 일본의 자본과 기술, 한국의 노동력과 안보 전략 위치를 결합해 동북아 지역의 '반공전선' 강화를 꾀했다. 이런 상황에서 1960년대 초반 한일 수교 논의가 본격화되었다.

2. 14년의 협상 – 끊임없는 양국 이견과 국민 반발

한일 수교 협상은 1951년 샌프란시스코 강화조약 이후 시작되었으나, 협상이 이뤄지기까지 무려 14년이나 걸렸다. 그것은 식민지 지배를 둘러싼 양국의 견해 차이, 강제징용과 위안부 문제, 여론 반발 등 숱한 제약에 따른 것이었다. 당시 주요 쟁점을 정리하면 이렇다.

1) 식민지배의 불법성 여부

한국은 일본의 식민지배가 '불법적 강제'였음을 주장하며 사죄와 배상을 요구했지만, 일본은 당시 '합법적 조약'이었음을 내세워 책임을 회피하고 부정했다.

2) 강제징용·위안부·재일동포 문제

강제징용 당했거나 전장에 끌려갔던 위안부에 관한 명확한 피해보상 기준이 없었고, 재일교포의 법적 지위와 송환 문제도 협상의 걸림돌로 작용했다.

3) 청구 자금의 형태와 규모

한국은 전쟁 피해보상과 배상 명목으로 자금을 청구했으나, 일본은 '경제협력자금' 명목으로 제공하고자 했다. 이는 국내에서 숱한 논란을 야기했다.

4) 국민 여론의 반발

1964년부터 대학생을 중심으로 '수교 반대 시위'가 전국에서 일어났다. 이들은 "굴욕 외교 반대","과거청산 없는 수교 반대"를 외쳤다. 이는 박정희 정부에게 큰 정치적 부담이었다.

3. 박정희 정부의 실리외교와 결단

박정희 정부는 수교를 통해 '경제 발전' 재원을 확보하고자 했다. 1961년 5.16군사쿠데타로 정권을 잡은 박정희는, 국가재건과 산업화를 위한 외자가 절박했다. 빈곤과 실업, 전쟁 후유증에 시달리고 있는 국내 상황에서 자력으로 성장 기반을 만들기에는 역부족이었다.

이에 박정희 정부는 한일 수교를 국가 재건을 위한 전환점으로 판단하고, 숱한 반발을 무릅쓰고 정치 결단을 내렸다. 약 8억 달러 규모의 자금을 일본으로부터 받기로 한 것이다. 한일 수교는 이뤄졌고, 이 자금은 고속도로 건설, 포항제철 건설 등 산업기반 구축의 커다란 밑거름이 되었다.

4. 조약의 구조와 내용 – '청구권 협정'의 핵심

1965년 6월 22일 일본 도쿄에서 정식으로 '한일기본조약'이 체결되었다. 이 조약은 양국 간의 국교를 정상화하고, 향후 외교·경제·문화 관계를 규정하는 기본 틀이 되었다. 이때 4개의 부속 협정이 함께 체결되었는데 그중 핵심은 '한일 청구권 및 경제협력 협정'이었다. 이 협정은 다음과 같은 내용을 담고 있다.

- 한국과 일본 간의 청구권 문제는 "완전히 그리고 최종적으로 해결되었다"고 명시
- 일본은 한국에 무상자금 3억 달러, 유상자금 2억 달러, 민간차관 3억 달러 제공
- 이후의 분쟁은 외교적 채널로 해결하며, 국제법상 제소를 제한

하지만 이 협정은 향후 강제징용이나 위안부 등 개인 청구권 문제에서 법적 논란을 야기했고, 2018년 대법원 판결 등으로 한일 갈등을 다시 점화시키는 근거가 되었다.

5. 외교는 이루었지만, 과거사는 덮이지 않아

수교 이후에도 한일 양국은 '완전한 화해'에 이르지 못했다. ▲청구권 문제 불투명한 처리 ▲일본 식민지배 불법성 인정 거부 ▲사죄 진정성 부족은 양국 국민감정의 골을 더욱 깊게 만들었다. '제도적 수교'가 '정서적 화해'로 이어지지 못한 한계를 드러낸 수교였던 셈이다.

1965년의 한일기본조약은 실리를 노린 박정희 정부와 냉전이라는 국제정세가 빚은 산물이었다. 그러다 보니 이는 정의실현이나 화해가 뒷전으로 밀려난 '불완전한 출발'이 되었고, 지금까지 국내에서 커다란 갈등요소로 작용하고 있다. 한일기본조약이 체결된 배경을 제대로 직시하지 않으면, 우리는 감정의 늪에서 헤어날 수 없다. 체결 과정의 역사과 한계를 올곧이 살펴야 하는 이유다.

제3장 박정희 정부와 일본 정부의 정치적 타협

1. 냉전 전략과 국익을 둘러싼 절충 정치

1960년대 중반 냉전시대, 미국과 소련의 경쟁이 치열한 상황에서 동북아는 그 최전선이었다. 휴전 이후 한국은 미국의 지원을 통해 체제를 유지하고 있었고, 일본은 미국과의 안보 동맹을 배경으로 급속한 경제성장을 이루고 있었다. 미국은 이런 상황에서 한국과 일본이 손잡고, 자유진영의 동북아 안보 축으로 기능하기를 강력히 원했다.

미국의 외교압력과 한국의 자금유입 사이에서 박정희 정부는, 일본과의 외교관계 정상화에 실리적 접근을 시도했다. 이에 일본은 식민 지배에 대한 법적책임 회피와 동북아에서의 외교입지 회복전략을 노리고 수교에 응했다. 한일 양국이 서로 다른 동기로 서로의 필요성을 인정하며 타협점을 절충한 것이다.

2. 박정희의 리더십과 정치 결단

박정희는 국가재건과 경제개발을 국정 최우선 과제로 삼았다. 일본과의 수교를 통해 산업 자금을 확보함과 동시에 국제사회에서 정통성을 확보하고자 한 것도 그 일환이었다. 하지만 이에 두고 국내 여론은 매우 비판적이었다. 일본을 향한 반감이 여전히 강력한 상황에서 '과거사 정리 없는 수교'는 국민감정에 반하는 행태로 간주됐다.

그럼에도 박정희는 "민족 감정보다 국익이 우선"이라는 신념 아래, 강력한 추진력을 발휘했다. 1964년부터는 수교 반대 시위를 강경 진압하면서까지 외교 정상화에 박차를 가한 것이다. 그의 현실주의 국가전략이자, 정치 리더십이었다.

박정희는 회고록과 연설에서 "역사는 감정으로 극복되는 것이 아니라 미래지향적 실천으로 넘어야 한다"고 수 차례 강조했다. 이러한 그의 의지는 훗날 포항제철과 경부고속도로, 중화학공업 육성 등 한일 수교를 통한 경제발전 성과로 이어졌지만, 동시에 민주주의와 시민참여 배제라는 비판의 그림자도 남겼다.

3. 일본 정부의 계산된 양보와 외교적 언어

일본 정부는 수교 과정에서 식민 지배의 불법성을 결코 인정하지 않았다. '청구권 자금'은 보상이 아니라 경제협력자금이라는 표현을 고수했고, 조약 문구에서도 "한국 정부가 1910년 이전에 체결된 모든 조약은 무효임을 선언한다"고만 기록했을 뿐, 일본의 강제성과 책임은 명시되지 않았다.

이는 일본 정부가 국내 보수여론과 우익세력의 반발을 고려해 만들어낸 외교적 수사(修辭)였다. 일본은 8억 달러 상당의 자금을 제공하며 성의를 표하는 듯한 모습을 보였다. 하지만 이는 정치적·경제적 계산에서 비롯된 것일 뿐 진정한 사과 외교는 아니라는 게 지배적인 평가다.

4. 양국 정치권의 실리동맹 - 불완전한 타협의 본질

이로써 박정희 정부와 일본 정부는 서로의 이해관계를 바탕으로 '불완전하지만 실행 가능한 타협'을 도출해 냈으며, 그 결과 1965년 한일기본조약이 체결되었다. 양국은 국교 수교와 상호 대사관을 설치하고, 통상과 문화교류가 확대되는 길을 열었지만, 다음과 같은 갈등의 씨앗을 여전히 남겨두고 있었다.

- 식민지배의 불법성 인정 여부
- 개인 청구권 문제의 해석
- 재일동포의 지위와 인권
- 일본 우익의 역사 왜곡과 교육

이런 문제는 지금까지도 한일관계에서 갈등 요인으로 끊임없이 지속되고 있다.

5. 정당성 없는 실리외교의 교훈

1965년 한일 수교는 분명 대한민국 산업화 기반 구축에 큰 자양분이 되었다. 그러나 그것이 국민감정을 희생시킨 실리외교였음은 오늘날까지도 논쟁의 중심에 있다. 특히 피해 당사자들은 한일 수교가 자신들의 동의 없이 강행되었음을 지적하며, 진정한 사과와 보상을 요구했다.

이 장은 우리가 한일 수교의 실체를 접하면서 '박정희의 정치적 타협'을 어떻게 바라봐야 할지 성찰하게 한다. 과거 타협이 미래로 이어지려면 투명한 인정과 진심어린 화해가 뒷받침되어야만 한다. 그리고 그것이 우리가 풀어야 할 또 다른 타협안이 될 것이다.

제4장 한국 내 반일 감정과 수교 반대 운동의 배경

1. 식민지 경험과 집단 기억의 상흔

한국 사회의 반일 감정은 외교 긴장이나 이념 갈등을 넘어, 민족의 집단 기억과 고통의 역사에 뿌리내리고 있다. 일제강점기 정치 억압, 경제 수탈, 문화 말살, 인권 침해는 과거의 사건에 머무르지 않고, 감정과 의식에서 역사적 상흔으로 누대에 걸쳐 이어지고 있다. 조국 침탈, 강제 동원, 일본군 위안부 등의 끔찍한 사건은 인간의 존엄을 짓밟힌 일이었기에 쉽사리 가시지 않는 것이다.

광복 이후 일본 정가의 태도도 갈등을 부추기는 원인으로 작용했다. 일본의 과거사 부정, 역사 교과서 왜곡, 정치인의 망언 등이 수시로 반복되면서 반일 감정은 지속적 저항 정서로 깊이 자리 잡게 되었다. 한일 수교 논의가 본격화되던 1960년대 초반, 한국 사회의 이러한 정서가 한일 수교 적합성에 근본 의문을 제기했던 것이다.

2. 4·19혁명 이후의 시민의식

1960년 4·19혁명은 민주주의와 시민주권의 가능성을 일깨운 사건이었다. 비록 이듬해 5·16군사쿠데타로 권위적인 군사정권이 들어섰지만, 시민의식은 더 이상 과거로 돌아가지 않았다. 4.19혁명 의식이 팽배한 사회 분위기에서, 박정희 정부의 한일국교 정상화 추진은 당연히 '굴욕 외교'라는 지탄과 함께 거센 반발을 불러올 수밖에 없었던 것이다.

1964년을 전후해 학생과 지식인, 언론, 종교인이 가세한 시위는 대규모로 확산되었다. 이들은 “과거사 청산 없는 수교 반대”, “국민 동의 없는 밀실 외교 반대”, “일본의 진정한 사과 촉구”를 외치며, 한일회담 저지투쟁에 나섰다. 특히 대학가를 중심으로 한 청년세대의 저항은 거칠었으며, 이는 박정희 정권의 정통성에 심각한 도전이 되었다.

3. 한일회담 반대 시위 전국 확산

1964년 3월 고려대 학생들의 시위로 촉발된 ‘한일회담 반대운동’은 서울뿐만 아니라 대진, 대구, 부산 등 전국으로 확산되었다. 4월에는 서울 한복판에서 수만 명이 운집한 시위가 벌어졌고, 경찰의 강경진압은 수백 명의 부상자와 수십 명의 구속자를 발생시켰다.

언론계도 목청을 돋웠다. 동아일보, 경향신문 등 당시 주요 언론은 사설을 통해 “정의 없는 외교는 미래를 불안정하게 한다”, “일본과의 관계는 민족감정의 문제이자 도덕의 문제”라고 지적하며, 정부의 일방적인 수교 방침을 비판했다.

이런 분위기 속에 박정희 정부는 계엄령까지 검토하며 시위 통제에 나섰고, 결국 강제진압과 언론통제, 학생구속 사태로 수교 반대운동은 일단락되었다. 그러나 이 사건은 이후 시민사회와 학생운동 성장에 지대한 영향을 끼쳤다.

4. ‘굴욕외교’ 프레임 – 정서 단절의 시작

한일 수교는 정치·경제 타협이었지만, 국민 다수에게는 “정의 없는 굴욕외교"로 각인되었다. 당시 정부는 청구권 자금을 산업화의 자양분으로 삼기 위해 피해자 개개인의 권리와 감정을 외면했다. 특히 강제징용, 위안부, 재일동포 문제에 대한 명확한 입장 정리 없이 진행된 수교는, 국민의 자존심을 짓밟는 행위로 간주되었다.

"왜 사죄 없는 돈을 받는가?"
"왜 우리가 침략국에게 먼저 손을 내밀어야 하는가?"
"역사를 외면한 외교가 진정한 평화로 이어질 수 있는가?"

이러한 질문은 수교 이후 지금까지 반복되고 있으며, 양국 관계가 일정 수준에서 진전을 이루다가도 '감정의 벽'에 부딪히는 가장 주된 이유가 되고 있다.

5. 수교 반대운동의 유산 – 기억과 책임의 문제

한일 수교 반대운동은 실패로 끝났지만 그 정신은 오늘날 한국 사회의 시민의식과 역사인식에 중요한 자산으로 남았다. 이는 감정적 반일주의라기보다 '기억과 책임'의 문제이자 정의로운 관계 정립을 위한 기준이었다.

1960~70년대 반대운동은 이후 위안부 문제 제기, 강제징용 배상소송, 교과서 감시 활동, 재일동포 인권운동 등으로 이어지며, 한일관계의 도덕적 기반 형성에 주도적인 역할을 해왔다. 이런 맥락에서 보면, 당시 반대운동은 단순한 저항이 아니라 민주주의와 정의를 향한 외침이었다고 평가할 수 있다.

제5장 한일 수교의 외교사적 의의

1. 아시아 외교 지형의 재편과 한일관계

1965년 한일기본조약 체결은 전후 동북아 국제질서와 냉전구조 하에서 이뤄진 지역안정과 경제협력을 위한 외교 사건이었다. 미국은 한일 수교를 적극 주도했고, 그 결과 동북아에서는 한·미·일 자유민주 진영의 협력 구도가 본격화되었다.

냉전 시기 한국은 북한과의 체제경쟁뿐 아니라, 국제무대에서 국가 정체성과 정통성을 공고히 해야 했다. 그런 의미에서 일본과의 외교수립은, 유엔 가입 이전 단계에서, 외교 정상국가로 나아가는 필수조건이기도 했다.

2. 국제무대에서의 한국 위상 성립

한일 수교는 외교 고립상태였던 한국이 외교 다변화의 문을 여는 결정적 계기가 되었다. 이 수교를 통해 한국은 일본뿐 아니라 서방 국가들과의 외교를 보다 안정적으로 확장할 수 있었고, 국제사회에서의 존재감도 키울 수 있었다.

특히 일본의 외교 채널을 활용해 국제개발원조(ODA) 수혜국으로서의 입지를 넓혀갔고, 아시아권 내 경제 협력체 형성에도 주도적으로 참여할 기반을 마련했다. 나아가 한·미 동맹을 중심으로 하는 외교기반의 삼각화 -한·미·일 안보협력-로도 연결되었다.

3. 일본의 전후 외교 복귀와 '패전국' 이미지 탈피

일본에게도 1965년 한일 수교는 의미 있는 외교 전환점이 되었다. 제2차 세계대전의 전범국이자 패전국이었던 일본은, 샌프란시스코 강화조약 이후 미국의 보호 아래 경제재건에 집중할 수 있었다. 그러나 독립 외교를 통해 국제사회에서 정상국가로 자리매김하기 위해서는 아시아 주변국과의 관계 회복이 필수였다.

특히 식민 지배를 받았던 한국과의 수교는 전후 일본 외교의 정당성과 책임의식을 검증받는 첫 관문이었고, 일본은 이를 통해 자신들의 평화 이미지와 경제 파트너로서의 능력을 강조하고자 했다. 비록 사과와 책임 방식은 불완전했지만, 일본은 한일 수교를 통해 아시아 외교 공간으로 나설 수 있었고, 이는 이후 중국, 동남아 국가들과의 외교 수립으로 이어졌다.

4. 한국 경제도약의 기반 마련

한일 수교는 한국경제 발전의 전환점이었다. 청구권 자금이라는 명목으로 제공된 일본의 8억 달러는, 당시 한국 외환보유액의 수배에 달하는 막대한 금액이었다. 이 자금은 포항제철, 경부고속도로, 서울지하철, 발전소, 각종 사회기반시설에 사용되며 산업화와 근대화를 위한 인프라 구축에 크게 기여했다. 결국 한일 수교는 '경제외교'의 본보기가 되었으며, 이후 한국의 개발도상국 외교정책, 산업외교 전략 수립에 중요한 모델이 되었다.

5. ‘과거사 외면’은 한계

외교사로 보면 1965년 한일 수교는 당시 국제정세에서 매우 전략적이고 현실적인 결단이었지만 그 이면에는 '도덕성과 정당성' 문제가 깊숙이 자리하고 있다. 식민 지배의 불법성 인정 여부가 명확히 규정되지 않았고, 피해자 개인에 대한 법적 배상이 배제되었고, 일본의 공식 사과나 역사적 책임 표명이 추상적인 언급에 그쳤기 때문이다.

이러한 불완전한 타협은 외교상으로는 성립되었지만, 국민정서와 피해자 요구를 충족시키지 못한 미완의 결과를 남겼다. 이는 훗날 위안부 문제, 강제징용 재판, 역사 교과서 논란 등으로 다시 불거지며, 한일 외교의 반복된 갈등 패턴을 형성하게 되었다.

6. 교훈과 전망 – ‘관계 정립’의 본질

결국 한일 수교는 외교 관점에서 '국가 간 관계 정립'의 모범이자 한계 사례로 평가된다. 당대 외교 전략과 국익 중심으로의 성공은 거두었지만, 그것이 인간의 고통과 기억, 정의의 토대에 서지 못함으로써 ‘미완의 평화’라는 한계를 드러내고 말았다.

한일관계의 진정한 정상화는 ‘과거의 인정’과 ‘미래의 공동비전’이라는 두 축이 동시에 작동할 때 가능하다. 1965년 수교는 그 시작이었을 뿐, 진정한 화해와 협력의 길은 지금도 여전히 진행 중이다.

제2부

수교 이후 60년 간의 주요 변화

제1장 경제협력과 일본의 자본·기술 유입

1. 산업화 불씨가 된 일본의 청구권 자금

1965년 한일기본조약 체결과 함께 한국이 일본으로부터 받은 약 8억 달러 규모의 경제협력 자금은 당시 한국 GDP의 1/4, 국가 예산의 2배에 가까운 거대한 금액으로, 경제개발 5개년 계획의 성공적 추진을 위한 매우 유익한 자양분이 되었다. 청구권 자금은 다음과 같은 인프라와 산업기반 구축에 사용되었다.

- 포항제철의 설립 자본
- 경부고속도로 및 서울지하철 1호선 건설
- 충주비료, 울산정유, 남해화학 등 기간산업 투자
- 수력·화력발전소 건설 및 송전망 구축

당시 일본은 이들 사업에 자본뿐 아니라 기술·인력·기계장비를 함께 제공하였고, 이로써 우리는 단순한 자금 지원을 넘는 '기술이전형 경제협력'을 실현할 수 있었다.

2. '배워야 할 나라' 일본 – 기술 모방과 산업화 모델

1970~80년대 한국은 '배워야 할 일본'을 모델로 산업정책을 설계했다. 일본의 중화학공업 육성, 수출지향형 경제전략, 대기업 중심의 산업집중

화 정책 등은 한국의 경제개발 전략과 밀접히 연결되었고, 이는 철저히 정부 주도형 성장 모델로 이어졌다.

많은 한국 기업들이 일본 기업과의 기술제휴, 설비도입을 통해 성장을 도모했다. 삼성, LG, 현대, 대우 등 대기업들은 일본 기업의 성공사례를 적극 분석했고, 이 과정에서 '모방에서 창조로'의 기술축적 단계를 거치며 경쟁력을 강화해 나아갔다.

특히 1980년대 중반까지는 한국의 수입기계 중 상당수가 일본산이었고, 산업기술력 격차는 여전히 컸다. 그러나 1990년대 이후 정보통신, 반도체, 자동차 등 특정 분야에서 한국은 일본과 경쟁하거나 추월하는 사례를 만들어 내며 기술 협력에서 경쟁 구도로의 변화를 만들어 냈다.

3. 민간 경제 교류의 확대 – 투자·무역의 쌍방 진화

한일 수교 이후, 민간 차원의 경제교류도 활발해졌다. 일본 기업들의 한국 직접투자(FDI)는 1980년대 후반 이후 본격화되었고, 동시에 한국 기업들의 일본 진출도 다양화되었다.

- 1990년대 초까지 일본은 한국의 최대 수입국이자 2~3위 수출국으로
- 1997년 IMF 외환위기 당시, 일본은 금융지원국 중 하나였으며
- 일부 구조조정기업에 기술지원도 이뤄졌다.

2000년대 이후 일본 부품·소재 기업들이 한국에 투자하면서 공급망이 형성되었고, 이는 반도체·디스플레이 산업의 고도화에 기여했다. 무역 규모 역시 2020년 기준으로 연간 800억~900억 달러에 이르며, 특히 첨단소

재·부품·장비 분야에서 일본은 여전히 핵심 공급국의 위치를 점하고 있다.

4. 경제 의존과 갈등 – 구조적 취약성과 분쟁의 뿌리

한편, 한일경제협력은 양국의 구조적 불균형도 드러냈다. 한국은 오랜 기간 일본산 핵심 소재·부품에 의존해왔고, 이로 인해 자립화가 지연되었다. 대표적으로 2019년 일본의 수출규제 조치는 한국 산업계에 큰 충격을 안겨주었으며, 이는 반도체, 디스플레이, 전자산업 등 주요 제조업 전반에 공급망 리스크로 작용했다.

그 결과 한국 정부는 '소부장(소재·부품·장비)' 국산화 전략을 추진하며 일본 의존도를 줄이려는 노력을 본격화했고, 한일 경제관계는 협력과 경쟁, 의존과 자립이라는 복합 구도로 전환되었다.

5. 한일 경제협력의 의미와 과제

한일 경제협력으로 대한민국은 산업화와 기술진보에서 큰 성과를 이뤄냈다. 그러나 그 이면에는 구조적 의존, 기술 격차, 신뢰 부족이라는 해결해야 할 과제도 적잖았다. 앞으로의 한일 경제관계는 다음과 같은 방향으로 재정립되어야 할 것이다.

- 공동 연구개발과 기술혁신 파트너십 구축
- 글로벌 공급망 안정화 및 공동위기 대응체제 수립
- 디지털 전환, AI, 친환경 등 미래산업 공동 투자
- 경제협력을 통한 감정 회복과 신뢰 복원

수교 60주년을 맞은 지금, 양국은 과거 협력 성과를 토대로 '지속가능한 상호존중 기반의 경제 동반자 관계'로 나아갈 준비를 해야 한다.

제2장 한류와 문화교류의 진화

1. 금지에서 개방으로 – 문화교류의 역사적 전환

한일 수교 직후 한국은 일본 대중문화에 강한 제한 조치를 유지해 왔다. 일제강점기의 문화말살정책과 언어탄압의 상흔이 여전히 깊었기 때문이다. 1965년 이후에도 일본의 영화, 음악, 출판물, 방송 콘텐츠는 오랫동안 수입이 금지되었고, 국민정서상 '문화개방'은 사실상 금기시된 영역이었다.

하지만 1998년, 김대중 대통령과 오부치 총리의 정상회담에서 채택된 '한일 파트너십 공동선언'은 문화교류의 중대한 전환점이 되었다. 김대중 대통령은 "일본 대중문화 개방이 궁극적으로 한국문화를 세계에 알리는 계기가 될 것"이라고 판단했고, 단계적인 일본문화 개방이 추진되었다. 이는 훗날 '한류 붐'이 일본에 본격 상륙하는 기반이 되었다.

2. 겨울연가에서 BTS까지 – 한류의 일본 정착사

2000년대 초반 드라마 <겨울연가>는 일본 전역에서 폭발적인 반응을 일으켰다. 배용준은 '욘사마'로 불리며 국민적 인기를 얻었고, 일본 중장년 여성층을 중심으로 한국 문화에 대한 호감과 이해가 급속히 확산되었다. 이후 <대장금>, <태왕사신기>, <주몽>, <미남이시네요> 등 한류 드라마가 일본 방송사와 위성채널을 통해 방송되며, 'K드라마'가 브랜드로서 일본사회에 자리 잡게 되었다.

2010년대 이후에는 케이팝(K-POP) 열풍이 이어졌다. 동방신기, 빅뱅, 소녀시대, 카라, 엑소, 그리고 BTS(방탄소년단)에 이르기까지, 한류 아티스트들은 일본의 오리콘 차트를 석권했고, 대규모 돔투어와 팬미팅을 통해 일본 팬들과의 직접소통을 이어갔다. 한국어를 배우려는 일본 청소년도 증가하며, 양국 문화의 상호 이해도가 높아졌다.

3. 출판·웹툰·예능으로 확장되는 문화 스펙트럼

한류는 드라마와 음악을 넘어 출판, 웹툰, 예능, 음식, 뷰티, 패션 등 다방면으로 확장되었다. 한국의 웹툰은 라인(LINE) 플랫폼을 통해 일본 젊은 층에 정착되었고, <지금 우리 학교는>, <스위트홈>, <이태원 클라쓰> 등 웹툰 기반 드라마의 일본 반응도 뜨거웠다.

예능 프로그램도 일본에서 포맷이나 리메이크 형태로 소개되었고, K-푸드(Korean Food)와 K-뷰티(Korean Beauty)는 일본 백화점과 마트에서 하나의 카테고리로 자리했다. 이러한 문화의 다층적 확장은 한국의 삶과 정서, 가치관을 공유하는 문화외교 통로로 작용하고 있다.

4. 양국의 상호 인식 개선과 문화의 치유력

문화교류는 양국 국민 간 심리 장벽을 허무는 데 큰 기여를 했다. 특히 일본 내 한류 팬들은 과거사 문제나 정치 갈등과는 별개로, 한국문화를 긍정적으로 이해하고 수용하는 경험을 축적하고 있다. 이는 곧 '정치 밖의 우정', '감정의 회복'이라는 시민차원의 화해 가능성을 보여주는 상징이다.

한국에서도 일본의 애니메이션, 문학, 음식문화에 대한 관심이 꾸준하며, '싫어할 수만은 없는 일본'이라는 인식변화도 나타나고 있다. 문화는 상처를 직접 치유할 순 없지만, 상대방의 인간성과 감정을 이해하는 창을 열어준다.

5. 미래세대를 위한 문화공공외교 전략

앞으로의 한일관계는 문화외교가 중심축이 될 수 있다. 국가 차원의 전략은 다음과 같은 방향성을 가져야 한다.

- 청년세대 간 교류 프로그램 확대(음악 캠프, 공동 콘텐츠 제작 등)
- 한·일 공동 문화축제, 영화제, 청소년 교류의 제도화
- 미래 세대 대상으로 한일사 공동 콘텐츠 개발(다큐멘터리, 교양 웹툰 등)
- 언론·출판·영상 산업의 공동 펀드 운영 및 공동 제작 시도
- 디지털 플랫폼을 활용한 쌍방향 문화소통 환경 조성

문화는 갈등을 즉각 해결하지 못하지만, 공감과 이해를 축적하는 매우 강력한 무기다. 한일 수교 60주년을 맞이한 지금, 정치와 외교가 멈추는 지점에서, 문화는 여전히 가장 밝고 환한 길라잡이다.

제3장 역사문제(강제징용, 위안부 등)와 갈등의 지속

1. '해결된 과거'인가, '남겨진 정의'인가?

1965년 한일기본조약은 양국 간 청구권 문제를 "완전히 그리고 최종적으로 해결되었다"고 명시했다. 그러나 당시 협정은 식민 지배의 불법성을 명확히 인정하지 않았고, 강제징용이나 일본군 위안부 피해자 등 개별 피해자에 대한 법적 배상은 포함되지 않았다.

이로 인해 수교 이후에도 역사문제는 끊임없이 갈등을 야기했다. 특히 피해 당사자와 유족들은 "국가 간 협정으로 개인의 권리를 소멸시킬 수 없다"고 주장하며, 국내외에서 법적 소송과 국제 여론전을 이어갔다.

2. 위안부 문제 – 여성 인권의 외교 쟁점화

일본군 위안부 문제는 1991년 김학순 할머니의 공개 증언을 계기로 국제 이슈가 되었다. 그녀의 용기 있는 증언 이후, 한국정부와 시민사회는 일본 정부에 공식 사죄와 법적 배상을 요구하기 시작했고, 이는 한일 외교의 핵심 갈등 요인 중 하나가 되었다.

1990년대 일본 정부는 아시아여성기금 등을 통해 '도의적 보상'을 시도했지만, 피해자들은 이는 국가책임을 회피하는 불충분한 조치라며 수용을 거부했다. 2015년 12월 박근혜-아베 정부 간의 '위안부 합의'는 "최종적, 불가역적"이라는 표현으로 타결을 선언했지만, 피해자 당사자와 시민사회의 의견을 충분히 반영하지 못해 사회적 정당성을 확보하지 못한 대표적인 외교 실패 사례로 남았다.

그 결과 위안부 소녀상 설치, 국제 연대활동, 유엔 등에서의 인권문제가 계속 제기되었고, 이에 일본은 외교적으로 민감하게 반응하며 한일 관계의 파열은 반복되었다.

3. 강제징용 판결 – 사법 정의와 외교 충돌

2018년 대한민국 대법원은 강제징용 피해자들이 일본기업(신일본제철 등)을 상대로 제기한 소송에서 개인 청구권은 여전히 유효하다고 판결했다. 이 판결은 “청구권 협정은 국가 간 합의일 뿐, 개인의 권리 청구를 막을 수 없다”는 입장에 기반을 두고 있으며, 이는 일본 정부의 강력한 반발을 초래했다.

일본은 해당 판결이 “국제법 위반”이라며, 외교 보복 조치로 2019년 7월 반도체 소재 등 3개 품목에 대한 수출규제를 단행했다. 이는 양국 간 경제전쟁으로 확전되었고, 한국 사회에는 ‘일본 제품 불매운동’과 ‘국산화 운동’이 일어나는 등 감정 충돌로 번졌다. 이 사태는 경제 분쟁을 넘어 ▲역사 정의 ▲국제법 해석 ▲국민감정의 삼중 충돌로 이해되어야 하며, 지금도 외교적 해결을 위한 중재가 필요하다.

4. 일본 내 우익 정치와 역사 인식 후퇴

한일 갈등이 반복되는 또 하나의 배경은 일본 보수정치 세력의 역사 왜곡 시도다. 일부 정치인은 위안부의 강제성을 부정하거나, 침략이 아닌 진출이라는 표현을 쓰는 등, 과거사를 미화하거나 축소하는 발언을 지속해 왔다. 주요 의제는 이러하다.

- 역사 교과서 검정에서 식민지 지배의 강제성 축소
- 고노 담화, 무라야마 담화의 후퇴 움직임
- 정치인들의 야스쿠니 신사 참배 반복
- '혐한 서적'과 '반한 시위' 등 혐오문화 확산

이러한 움직임은 한국 국민의 분노를 자극할 뿐만 아니라, 일본 내 양심적인 지식인·시민사회마저 당혹스럽게 만들어 양국 관계를 반복된 긴장으로 잡아끌고 있다.

5. 남긴 과제 – 기억의 외교와 치유의 조건

과거사 문제는 법이나 외교 문제이기도 하지만 더욱 중요한 것은 기억과 치유의 문제다. 피해자 한 사람 한 사람의 고통과 진실이 외면되지 않아야 하며, 외교는 그 기억을 마주보는 용기에서 출발해야 한다. 앞으로의 과제는 다음과 같다.

- 피해자 중심 접근 - 당사자의 목소리 반영 없는 외교 타결은 실패
- 역사교육의 정직성 - 양국 청소년 교육 교재 공동으로 제작
- 시민사회의 역할 강화 - 공공외교와 역사연대 운동의 국제화
- 일본의 책임 있는 사과와 재발 방지 약속 - 대승적인 자세로 임해야
- 한국의 외교력 정비 - 감정이 아닌 전략과 진정성의 균형

한일 수교 60주년을 맞는 이 시점에서, 역사는 과거를 기반으로 한 관계의 현재이자 미래를 좌우하는 지표이다. 우리가 과거를 어떻게 기억하고 다루느냐에 따라, 한일관계 미래가 달라진다.

제4장 안보협력 - 미일 · 한미동맹과 삼각안보 체제

1. 냉전기 동맹 구조 - 미국 중심 삼각 안보 탄생

한일 수교가 이루어진 1965년은 냉전 구도가 절정에 이른 시기였다. 한국전쟁 이후 미국은 동북아 안보라인의 핵심 축으로 한국과 일본을 동시에 포섭하였고, 이를 기반으로 '미국-일본-한국' 삼각 안보체제가 형성되었다. 한국은 한미상호방위조약(1953년), 일본은 미일안보조약(1960년)을 통해 미국과 각각 동맹을 맺었으며, 비공식적으로는 이 두 동맹이 상호 보완 관계로 작동했다. 삼각 협력의 목적은 명확했다.

- 북한과 중국의 공산주의 확산 저지
- 소련의 태평양 진출 견제
- 유사시 상호 정보공유 및 군사협력 틀 마련

이처럼 한일 수교는 단순한 외교정상화 이상의 의미를 지녔으며, 군사·안보협력의 전제 조건이자 기반이 되었다.

2. 미국의 조정자 역할 - '우산 아래의 우회 협력'

한·미·일· 안보협력의 핵심은 미국이 조정자로서 중재와 촉진 역할을 수행했다는 점이다. 한일 간에는 역사 문제로 인한 국민감정의 골이 깊어 직접적인 군사협력이 어려웠지만, 미국을 매개로 한 정보공유, 합동훈련,

대북대응 등이 제한적이나마 이뤄질 수 있었다.

- 1970년대 - 북한 도발 대응에 대한 한·미·일· 정보공유
- 1980년대 - 해상 수송로 보호 및 소련 견제 협력
- 1990년대 - 북핵 위기 공동대응 기조 형성

특히 북한 핵 개발이 본격화한 1990년대 이후, 삼국은 핵확산금지(NPT), 6자회담 등 다자 틀 내에서의 협조를 강화했고, 미국은 동북아 안보구도에서 한·미·일 삼각협력의 필요성을 지속적으로 강조해왔다.

3. 2010년대 – 지소미아 체결과 군사정보 협력의 확대

한·미·일 안보협력이 한 단계 진전된 계기는 2016년 군사정보보호협정(GSOMIA) 체결이었다. 한일 양국은 북한의 핵·미사일 위협에 대한 실시간 정보공유 필요성을 인식했고, 미국의 강한 권유 아래 군사적 신뢰를 바탕으로 직접 정보를 교환하기 시작했다.

- 북한 미사일 발사 시 레이더 및 정찰기 정보 공유
- 해양 안보, 사이버전 대응 분야 협의 채널 확대
- 미사일 방어(MD) 시스템 상호 연동 논의

그러나 2019년 한국 대법원의 강제징용 판결 이후 일본의 수출규제 조치가 단행되면서 한국 정부는 지소미아 종료를 선언했고, 이후 미국의 중재와 전략적 고려 속에 조건부 연장이 이루어졌다. 이 사건은 안보와

과거사 문제가 어떻게 맞물릴 수 있는지를 보여준 대표적 사례다.

4. 캠프 데이비드 정상회의(2023) – 삼각동맹의 제도화

윤석열 대통령, 기시다 후미오 총리, 조 바이든 대통령은 2023년 미국 캠프 데이비드에서 한·미·일 3국 정상회의를 개최하고, 한·미·일 안보협력의 제도화 및 정례화에 공식 합의하였다. 이 회담은 다음과 같은 중요한 성과를 도출했다.

- 연례 정상회의 및 국방장관 회담 정례화
- 미사일 경보 체계 실시간 정보공유
- 공동 군사훈련 확대 및 지휘소 통합 연습 추진
- 사이버·우주 안보 협력 확대
- 가치 기반의 '자유·민주주의·법치' 공동 선언

이는 한·미·일 협력이 임시대응 수준에서, 공동의 전략목표와 정책조정의 틀을 갖춘 사실상 '준삼각 동맹'으로 진화하고 있음을 의미한다.

5. 남긴 과제 – 과거사와 여론의 변수

한·미·일 안보협력은 여전히 다음과 같은 민감한 변수들을 안고 있다.

- 일본의 역사 인식 부재 및 야스쿠니 참배와 망언
- 한국 내 반일 정서와 정치권의 갈등 프레임

• 지소미아 같은 민감한 이슈에 대한 국민 불신
• 군사정보 공유 대상과 범위에 대한 투명성 부족

한국 내 저항 정서도 문제다. 지금도 일부 국민들은 “일본과의 군사협력이 과거 식민 지배를 정당화할 수 있다”거나 심지어 “다시 일본의 식민지가 되는 것 아니냐”는 생각을 갖고 있다. 미국 주도로 이뤄지는 상황에서 이는 전혀 맞지 않는 편향된 생각일 뿐이다. 아울러 이를 극복하기 위한 일본 정부의 진정성 있는 과거사 대응과, 한국 정부의 설득력 있는 외교 전략이 동시에 필요하다.

6. 안보협력의 미래 – 평화와 가치에 기반한 공동 전략

한·미·일 삼각안보 협력은 단기적 북핵 대응을 넘어, 중장기적으로는 인도·태평양 전략의 핵심 축으로 발전할 가능성이 크다. 따라서 아래와 같은 방향성이 요구된다.

• 북핵 위협 공동 대응 체계의 실효성 강화
• 중국 견제와 경제안보 연계를 위한 전략 조정
• 군사협력의 범위를 인간안보·해양안보·기후안보로 확대
• 청년 세대의 이해와 지지를 얻는 공공외교 전략 수립

한일 수교 60주년을 넘어서는 지금, 한일안보는 군사력은 말할 것도 없고 가치와 신뢰, 미래지향적 협력의 문제다. 한·미·일 협력은 갈등의 시대를 넘어서, 동북아 평화와 자유를 지키는 가치동맹의 실현으로 나아가야 한다.

제5장 시민사회, 지방정부 차원의 교류 확대

1. 외교 너머의 협력 – 민(民)의 시대가 열리다

1965년 한일 수교 이후, 국가 간 외교는 경제·안보 중심으로 빠르게 전개되었지만, 양국 관계의 내실을 다진 것은 시민사회와 지방정부, 교육 분야의 교류 확대였다. 특히 1990년대 이후, 민주화와 정보화가 진전되면서 양국 국민들이 직접 만나고 소통하는 민간외교(public diplomacy)가 본격화되었디.

이러한 흐름은 과거사 갈등이 불거질 때마다 외교 긴장의 완충 역할을 수행했고, 나아가 '정치 밖의 우정'이라는 새로운 한일관계 모델의 기틀을 형성했다.

2. 지방정부 간 교류 – 우정의 실천

한일 지방정부 간의 자매결연과 협력관계는 1980~90년대 급속히 확산되었다. 서울~도쿄, 부산~후쿠오카, 광주~히로시마, 수원~가와사키, 제주~오키나와 등 도시 간 우호 교류와 공동 문화행사, 청소년 교류, 행정정보 공유 등이 활발하게 이루어졌다. 특히 지역 축제, 기념 행사, 스포츠 대회, 환경협력 프로젝트 등은 양국 시민이 실생활에서 상대 문화를 이해하고 신뢰를 쌓는데 크게 기여하였다.

일례로 1995년 고베 대지진 당시 부산시는 긴급 구호품과 성금을 전달했고, 2014년 세월호 참사 때에는 일본 자매도시가 위로 메시지와 함께 기부금품을 전달하는 등 지방 연대의 온정은 깊은 인상을 남겼다.

3. 교육 협력과 청소년 교류 – 다음 세대를 잇다

한일관계의 미래는 젊은 세대가 만든다. 한일 양국은 지난 수십 년간 아래와 같은 청소년 및 대학생 중심의 교류 프로그램을 발전시켜 왔다.

- 한일 청소년교류사업(양국 정부 공동 주최, 1972년 시작)
- 한일 대학생 포럼과 캠프, 인턴십 프로그램
- 한일 고교생 홈스테이, 합동 문화예술 캠프
- 언어교류 및 교환학생 프로그램(서울대–와세다대, 고려대–게이오대 등)
- 유네스코 학교 협력을 통한 지속가능발전교육(ESD) 연계

이러한 문화교류 프로그램은 공동의 과제를 고민하고 해결하는 미래 협력 경험의 장이 되었으며, 참가자 대부분이 상대국에 대한 호감도와 이해도 상승에 큰 도움이 됐다.

4. 시민사회 연대 – 역사 갈등을 넘어 평화 연대까지

1990년대 이후 위안부·강제징용 등 과거사 문제가 불거지자, 한일 시민사회는 각각 비판의 목소리를 내면서 아래와 같은 국경을 넘은 연대를 보여주었다.

- 일본 내 시민단체들이 한국 피해자들과 연대해 사죄와 보상 촉구
- 한국의 인권단체와 일본의 역사학자들이 공동으로 역사 자료 발굴 및 전시회 개최

• 한일 여성평화회의, 평화다리 프로젝트, 시민 공동 심포지엄 개최

특히 위안부 문제는 일본 내 양심적 시민들의 자발적인 기림비 설치 운동, '나눔의 집' 방문, 증언집 번역·출판 등으로 민간인 차원의 사과와 회복 시도가 이뤄졌다. 이러한 흐름은 한일관계가 단지 정부 외교의 결과만으로 이뤄지지 않음을 증명했다.

5. 민간외교의 가능성과 미래 전략

앞으로 한일 시민사회 및 교육·지방정부 차원의 협력은 다음과 같은 전략적 확장이 요구된다.

• 기후 위기, 디지털 격차, 인구문제 등 공동 의제에 관한 공동 프로젝트 기획
• 역사와 평화를 주제로 한 한일 공동 교과서 및 미디어 콘텐츠 개발
• 청년·청소년 NGO의 국제협력 플랫폼 구축
• 도시 간 정책 교류와 공동 투자(그린도시, 스마트시티 등)
• 지방정부 차원의 공동 공공외교기금 마련 및 교류센터 운영

한일관계는 점차 '정부 간 외교'에서 '시민 중심 협력'으로 중심축이 이동하고 있다. 정치가 멈출 수 있는 지점에서도 시민은 멈추지 않는다. 그리고 이 끊임없는 교류의 물결은 바로 양국의 신뢰와 평화를 지속시키는 가장 강력한 동력이다.

제3부

한일관계의 도전과 위기

제1장 역사 인식 차이와 정치 외교 갈등

1. 역사의 그림자 속에서 마주한 양국

한일관계의 가장 깊은 갈등의 뿌리는 단연 역사 인식의 차이다. 일제강점기 강제 동원과 위안부 문제와 관련한 일본 내 우익의 역사 왜곡과 정치인의 언행은 한국 사회에 '과거 잘못을 부정하는 일본'이라는 이미지를 각인시켰다.

이와 관련, 일본 정치권에는 '이미 사죄했고 해결된 문제'라는 인식이 강하게 자리 잡고 있다. 한국의 지속적 문제 제기를 '국제조약을 무시하는 비합리적 대응'으로 간주하기도 한다. 이러한 양국 간 상반된 시각은 사안에 따라 수시로 반복되면서 갈등을 야기하고 있다.

2. 고노 담화와 무라야마 담화 – 진전과 후퇴 사이

일본 정부가 과거사를 두고 사죄를 공식 표명한 사례로는 1993년 고노 요헤이 관방장관의 '위안부 관련 사죄 담화'와 1995년 무라야마 도미이치 총리의 '식민 지배·침략에 대한 반성과 사죄 담화'가 대표적이다.

이 두 담화는 당시 국제사회에서 긍정적 평가를 받았고, 한일관계도 일정 수준 신뢰 회복의 계기로 작용했다. 그러나 이후 보수 정권이 들어서면서 담화의 정신은 후퇴했고, 일부 정치인의 망언과 야스쿠니 신사 참배, 교과서 왜곡 등이 되풀이되며 신뢰는 다시 무너졌다. 결국 담화는 일회성 정치 행위에 그쳤고, 법적·교육적 제도화로 이어지지 못했으며, 이는 일본의 '사죄 외교'가 아직까지 역사 책임의 완결된 수준에 이르지 못했음을 드러냈다 할 것이다.

3. 한국 정치의 역사 프레임 – '친일 대 반일' 구도

한국에서도 역사 문제는 국내 정치 프레임의 핵심 변수로 작용하고 있다. 특히 선거철이나 외교 갈등이 생길 때마다 '반일 감정'은 가장 흔히 동원되는 정치 수단이 되었으며, 이로 인해 과거사 문제는 '보수=친일', '진보=반일'이라는 이분법적 구도로 뿌리내리고 말았다.

게다가 이는 일본과의 건설적 협력이 필요할 때조차 외교 발목을 잡는 구조로 왜곡되어 양국의 신뢰 구축을 가로막는 걸림돌이 되고 있다.

4. 언론과 여론 – 감정적 보도와 오해의 확대

한일 간 갈등이 발생할 때마다, 양국 언론은 자극적이고 단정적인 보도로 여론을 호도해 왔다. 한국 언론은 일본 정치인의 망언을 빠르게 확산시키며 분노 여론을 자극하고, 일본 언론은 한국의 반복적 문제 제기를 '국가 간 약속 위반', '감정 외교' '국제법 무시'라고 비판하면서 여론은 자극하고 있다.

이러한 언론 보도는 상대 국가에 대한 오해와 혐오를 증폭시킬 뿐만 아니라, 유연해야 할 정책 결정자들의 강경 여론 구조 고착화에도 일조하고 있다.

5. 해결의 조건 – 기억의 공존과 미래 비전의 공유

역사 인식의 차이는 쉽사리 좁혀지지 않는다. 다만 해석의 일치는 불가능하더라도, 기억의 공존과 상호존중은 얼마든지 가능하다. 이를 위해 다음의 조건이 필요하다.

- 공동 역사 연구 및 교과서 집필 - 사실에 기반한 역사교육의 공동 플랫폼 필요
- 정치인의 언행에 대한 책임성 강화 - '사죄의 진정성'은 곧 반복되는 실천
- 과거사 문제의 비정치화 시도 - 정권에 따라 인권과 역사 정의가 달라져서는 곤란
- 청년세대의 새로운 접근 - 미래를 설계할 세대의 공감대 형성 필수
- 한일 간 진정한 대화 문화 정착 - 사과와 용서, 비판과 이해의 공존

한일 수교 60주년을 맞이한 지금, 우리는 다시 물어야 한다.
"우리는 과거에 직면할 용기가 있는가?"
"그 용기가 진정한 미래 협력의 출발이 될 수 있는가?"

제2장 경제보복과 수출규제 사태(2019년 이후)

1. 2018 대법원 판결 – 사법 정의인가, 외교 파탄의 도화선인가?

2018년 10월, 대한민국 대법원은 강제징용 피해자들이 일본 기업(신일본제철, 미쓰비시 등)을 상대로 제기한 손해배상 청구소송에서 피해자 개개인의 권리는 여전히 살아 있다고 판결했다. 재판부는 1965년 한일청구권협정으로 국가 간 배상은 종결되었으나, 개인의 청구권은 여전히 인정될 수 있다고 판시했다.

이 판결을 두고 일본 정부는 '국제법 위반'이라고 강하게 반발하면서, 한국 정부가 명확한 중재나 외교 해법을 제시하지 않았다고 강조했다. 이러한 갈등은 곧바로 외교 충돌과 함께 경제 보복으로 확산되었다.

2. 2019년 7월 – 일본의 수출규제 발표

2019년 7월 1일, 일본은 반도체 및 디스플레이 핵심 소재 3개 품목(불화수소, 포토레지스트, 플루오린 폴리이미드)의 한국 수출규제를 전격 단행했다. 이어 8월 2일, 한국을 '화이트리스트(전략물자 수출심사 우대국)'에서 제외함으로써, 사실상 한국을 수출 통제국으로 지정했다.

일본의 명분은 '신뢰 훼손'과 '안보 우려'였지만, 한국 사회와 정부는 대법원 판결에 따른 일본의 경제 보복이자 외교 보복으로 받아들였다. 한일관계는 결국, 단숨에 외교·경제·산업의 전 분야에서 최악의 긴장 상태로 돌입했다.

3. 한국의 대응 - 불매운동과 국산화, 외교 반격

한국 시민사회는 즉각 '노 재팬(No Japan)' 운동에 돌입했다. 일본 브랜드 불매운동, 일본 여행 취소, 유니클로·무인양품 등 일본 제품 구매거부, 지자체 차원의 일본 공무 방문 중단, '가지 않습니다, 사지 않습니다' 캠페인 등이 전국적으로 확산되었다.

정부는 단기적으로는 WTO 제소, 중장기적으로는 '소재·부품·장비(소부장) 자립화 정책'을 선언했다. 그리고 국산 기술 개발에 대대적인 투자와 공급망 다변화 전략을 가동했다. 일부 품목에서는 빠르게 수입 대체에 성공하며 '위기를 기회'로 만드는 능력을 보여주기도 하였다.

4. 외교 복원 경로 - 윤석열 정부의 정상화 시도

문재인 정부 임기 말까지 일본은 기존 입장을 고수하며 대화에 소극적이었다. 하지만 2022년 출범한 윤석열 정부는 관계 정상화와 전략적 대화에 적극 나섰다. 2023년 3월, 한일 정상회담(도쿄)에서 관계 복원 의지를 공식화했다. 이때 윤석열 대통령은 강제징용 해법으로, 일본 기업 대신 한국 재단이 보상금을 지급하는 '제 3자 변제' 방식을 제안해 눈길을 끌었다.

이 해법은 국내에서 일부 비판을 받기도 했지만, 한일 양국 간 실질 외교 회복과 안보·경제 협력 복원에 이어, 2023년 캠프 데이비드 한·미·일· 정상회의 성사로 이어지는 기반이 되었다.

5. 교훈 - 경제는 무기화될 수 있는가?

이 사건은 동북아에서 경제, 외교, 안보가 얼마나 긴밀하게 연결되어 있는지를 보여준 대표 사례다. 국가 간 신뢰가 무너지면, 기술과 무역이라는 경제 수단조차 압박과 응징의 도구로 전락할 수 있다는 경각심을 자극했다. 한국은 이 경험을 통해 다음과 같은 교훈을 얻었다.

- 산업기술의 전략적 자립 중요성
- 글로벌 공급망 다변화 필요성
- 기업과 정부, 시민이 함께 위기에 대응하는 사회적 연대 모델
- 역사문제를 풀지 않으면, 결국 경제도 흔들린다는 외교 원리

6. 지속가능한 해법을 위한 제언

앞으로 한일 양국은 다음과 같은 방향으로 경제 갈등 재발을 방지해야 한다.

- 상호 신뢰 회복을 위한 제도적 틀 마련(경제공동위원회, 공급망 협의체 등)
- 산업·기술 분야의 공동연구와 투자 플랫폼 구축
- WTO 등 국제기구 기반의 분쟁 예방 메커니즘 활성화
- 과거사 문제와 경제 협력을 분리할 수 있는 외교 능력 확보
- 시민사회 차원의 공동 대응 네트워크 및 정보 교류 활성화

한일관계 60주년은 위기의 연속이었지만, 위기 때마다 도전 속에서 협력 가능성을 발견했다. 경제는 칼이 될 수도 있지만, 다리도 될 수 있음을 일깨웠다.

제3장 독도 문제와 군사정보 공유 이슈

1. 독도 – 주권의 상징, 갈등의 상흔

독도는 한국 국민에게 영토 이상의 의미를 지닌다. 역사적으로 독도는 울릉도와 함께 조선시대부터 우리 고유의 영토였으며, 이는 일제강점기 이전부터 수많은 문헌과 지도, 행정 문서에서 확인된다.

하지만 일본은 독도를 '다케시마'라고 칭하며, 영유권 분쟁을 시도하고 있다. 정부 차원의 항의는 물론 중·고교 교과서, 방위백서, 외교청서 등에 독도 영유권 주장을 반복하고 있다.

이를 대하는 한국의 입장은 단호하다. 영토 분쟁이 일제 식민 지배의 연장선상에서 벌어지는 역사 왜곡이기 때문이다. 이는 나아가 '과거 청산 없이 미래로 갈 수 없다'는 국민감정의 핵심에 닿아 있기 때문이다.

2. 독도 갈등의 주요 사례

일본의 독도 영유권 주장으로 한일 양국은 누차 외교 갈등을 야기했다. 일본의 독도 영유권 주장과 이를 둘러싸고 일본이 벌인 구체적인 행동은 다음과 같다.

- 2005년 일본 시마네현의 '다케시마의 날' 제정
- 일본 고위 정치인의 독도 상륙 시도 및 망언 반복
- 일본 방위백서에서의 영유권 반복 주장

• 국제사법재판소(ICJ)에 제소 시도

한국 정부는 독도가 '분쟁 대상이 아닌 대한민국의 고유 영토'임을 명확히 하고, ICJ 회부 논의 자체를 인정하지 않으며, 실효적 지배 강화를 위한 다양한 조치를 시행하고 있다.

3. 군사정보 공유 – 민감한 신뢰의 시험대

2016년 체결된 한일 군사정보보호협정(GSOMIA)은 북한의 핵·미사일 위협에 대응하기 위한 실질적인 군사정보 교류의 틀이었지만, 양국 간 신뢰 부족과 과거사 문제로 인해 협정 유지 여부가 매번 민감한 외교 이슈로 부상했다.

특히 2019년 일본의 수출규제 이후 한국 정부는 GSOMIA 종료를 발표했으나, 미국의 전략적 중재에 따라 조건부 연장으로 절충되었다. 이는 안보협력과 과거사 감정이 얼마나 중요한 이슈인가를 단적으로 보여주는 사례다.

또한 2022년 발생한 한일 간 초계기 갈등(일본 해상자위대 초계기 저공비행 사건)은 양국 군사 당국 간의 신뢰 부재를 여실히 드러내며, 기술협력조차 감정의 벽 앞에서 흔들릴 수 있음을 분명히 보여주었다.

4. '가치 동맹'으로 가기 위한 조건

한·미·일 3국의 안보협력이 강화되는 지금, 독도 문제와 군사정보 이슈는 여전히 협력의 발목을 잡는 민감한 장애물이다. 다음과 같은 조건이 선결되지 않으면 '가치 동맹'으로의 발전은 제한적일 수밖에 없다.

- 일본의 역사·영토 인식에 대한 진정성 있는 성찰
- 군사정보 협력의 투명성 확보와 신뢰 구축 메커니즘 정착
- 독도에 대한 일본의 일방적 주장 중단 및 내정 간섭 자제
- 국제사회에서의 갈등 외교 노선 중지

5. 갈등을 넘어 협력으로 – 양립 가능한 해법은?

독도와 군사정보 이슈는 감정과 주권, 전략과 현실이 얽힌 복합 문제다. 이를 '제로섬 게임'으로 보지 않으려면, 다음과 같은 중장기적 전환 전략이 요구된다.

- 독도에 대한 국제적 인식 제고(다국어 홍보, 역사자료 디지털 아카이브 구축)
- 민간·학술 차원의 공동연구와 대화 창구 운영
- 지소미아 등 군사정보 협정의 제도적 보완과 투명성 강화
- 비정치적 영역(기후, 재난, 해양안보 등)에서의 군사 협력

정치가 경직될수록 민간의 유연한 상호이해 노력이 더욱 중요해진다. 한국과 일본은 독도와 안보라는 민감한 주제를 대화와 협상의 길로 변환해야 하며, 그 출발점은 '역사를 왜곡하지 않으면서도, 미래를 함께 지키는 용기'다.

제4장 일본 우익의 역사왜곡과 혐한 정서

1. 과거를 지우는 정치 – 일본 우익 세력의 부상

1980년대 이후 일본 보수정치의 중심축으로 자리한 우익 성향 정치인과 지식인 그룹은 역사 재해석을 정치화하고, 식민지 지배와 침략 전쟁을 '자위적 조치' 또는 '근대화 일환'으로 미화하려는 시도를 지속해왔다.

이들은 '일본의 전후 세대를 패전의 죄의식에서 벗어나도록 하자'는 논리로, '당당한 일본', '자주적 역사서술'을 주장하며 과거사 책임회피를 정당화하고 있다. 이러한 움직임은 정치 담론의 왜곡과 함께 교과서, 언론, 방송 등 사회 전반으로 확산되어 한일관계의 신뢰 기반을 지속적으로 훼손해왔다.

2. 역사 왜곡의 구체적 사례들

일본 우익의 역사 왜곡은 다양한 방식으로 표출되고 있다. 대표 사례는 다음과 같다.

- 교과서 왜곡 - 식민지배의 강제성, 위안부, 강제징용 기술 축소 또는 삭제
- 야스쿠니 신사 참배 - 전범이 합사된 신사를 참배하며 '조국 위한 희생'이라 왜곡
- 침략 미화 - 조선·만주·중국 침략을 '진출' 혹은 '정치 개입'으로 표기
- 고노·무라야마 담화 재검토 - 과거 사죄 담화를 뒤집거나 수정

• 위안부 부정론 확산 - 일부 우익 지식인과 언론이 위안부 존재나 강제성 부정

이러한 역사 왜곡은 한국과의 갈등은 물론 일본의 국제신뢰를 추락시키고 있으며, 나아가 동북아 질서 형성에 장애물로 작용하고 있다.

3. 혐한 정서의 정치화 – 미디어와 SNS의 확산

2000년대 이후 인터넷 발달과 함께 일본 내 혐한 콘텐츠가 빠르게 증가했다. 특히 혐한 책자 출판, 유튜브 채널, 커뮤니티 사이트(예 - 2채널), 극우성향 방송 프로그램과 신문 등이 혐한 감정을 자극하며 사회적 파급력을 높이고 있다.

일례로 <혐한류 만화>, <반일 한국인>, <한국의 실체>와 같은 혐한 콘텐츠가 수십만 건 이상 판매되었고, 이는 청소년층에게 왜곡된 이미지를 고착화하고 있다.

정치권도 이 흐름에 편승하여 혐한 정서를 동원 정치의 수단으로 활용하는 경향이 강화되었다. 극우 정치인이나 단체들이 혐한 집회, 반한 구호, 역사 왜곡 캠페인을 조작하고, SNS에서의 가짜뉴스와 혐오발언을 사실처럼 유통해 불신을 증폭시키고 있다.

4. 이에 맞선 일본 내 '양심의 목소리'

하지만 일본 내에도 이러한 흐름에 반대하는 양심 지식인, 시민단체, 종교계 목소리가 다수 존재한다. 열거하면 이러하다.

• 일본군 위안부 문제 해결을 위한 시민연대
• ‘전후 70년 담화’에 비판적 견해를 내는 학계·언론
• 평화헌법 수호 운동과 ‘혐한 반대 시위’ 대응 활동
• 일본인 대학생·교사들의 ‘한일 공동 역사 답사’ 프로그램

이들은 혐한의 파고에서도 “한일 관계가 ‘진실과 사과를 기반으로 한 협력’으로 나아가야 한다”고 주장하며 한국과의 공동 역사교육, 인권 연대, 평화 캠페인을 통해 작은 실천을 이어가고 있다.

5. 혐오를 넘는 외교 – 한일 양국의 과제

한일관계의 미래는 우익의 ‘역사 왜곡’과 ‘혐한 정서’라는 두 장벽을 넘을 수 있느냐에 달려 있다. 이를 위해 다음과 같은 접근이 필요하다.

• 정부 차원의 역사 왜곡 대응 매뉴얼 및 정보 플랫폼 구축
• 국제사회와 연대하는 역사 인권 캠페인 확대
• 혐한 콘텐츠에 대응하는 공공 콘텐츠 개발
• 청소년·대학생을 중심으로 한 상호 방문 프로그램 확대
• 우익 담론에 대한 비판적 분석과 미디어 문해력(literacy) 교육 강화

특히 중요한 것은, 혐오를 혐오로 맞서지 않는 성숙한 자세다. 정확한 사실과 역사적 진실에 기반해, 미래세대가 신뢰와 이해의 문화를 스스로 만들어갈 수 있도록 정보, 교육, 교류의 장을 확장해가는 지속가능한 전략이 절실하다.

제5장 양국 국민의 인식 격차와 상호 불신

1. '가깝고도 먼 나라' – 정서적 거리의 실체

한국과 일본은 지리적으로는 가까우나, 정서적으로는 먼 나라라는 인식이 오랫동안 공유되어 왔다. 이는 식민지배의 기억과 전후처리의 미흡, 그리고 반복되는 역사 왜곡과 책임 회피가 축적되면서 만들어낸 정서다. 양국 국민은 상대방에 높은 수준의 관심을 보이면서도, 그 관심은 호감과 신뢰보다는 불신과 경계로 표출되는 경우가 많다.

2. 인식 조사로 본 '감정의 간극'

한국과 일본이 정기적으로 실시하는 국제인식조사에 따르면, 상대국에 대한 비호감 비율이 호감 비율보다 수년간 높게 나타나고 있다.

- 2022년 일본 내 한국 호감도 - 약 30% 내외
- 2022년 한국 내 일본 호감도 - 약 25% 이하
- 연령대별로는 10~20대가 비교적 호감도 높으나, 50대 이상은 반감 뚜렷
- 일본 국민은 한국에 '감정적'이라는 이미지를 갖고 있고
- 한국 국민은 일본에 '오만하고 반성하지 않는다'는 인식을 보임

이런 수치는 양국 간 실질교류와 협력흐름에 비해 심리 장벽이 여전히

견고함을 보여준다.

3. 언론 보도와 온라인 담론의 왜곡 효과

양국 국민의 인식 격차는 언론과 온라인 커뮤니티의 보도방식과 확산 구조의 영향을 받는다. 특히 특정 정치 발언이나 사건이 감정적·선택적으로 보도되면서, 실제보다 상대국에 대한 부정 인식이 과장되는 경우가 많다.

예컨대, 일본 총리의 야스쿠니 참배 보도가 한국에서 분노를 유발하고, 한국 정치인의 독도 관련 발언이 일본 언론에서 강경 반응으로 보도되는 경우, 혐한 유튜브 영상이나 포털 댓글은 클릭 수와 알고리즘에 의해 확대 재생산된다. 이런 구조는 팩트보다 감정이 우선하는 정보 환경을 만들며, 국민 사이의 정서 간극을 벌어지게 하는 악순환을 되풀이한다.

4. 정치권의 책임과 '국내용 외교'

한일 양국 정치인들은 국내 지지층을 결집하기 위해 상대국을 비판하거나 강경한 태도를 취하는 이른바 '국내용 외교' 방식을 종종 사용해 왔다. 이런 행위는 단기적으로는 지지율 상승에 도움이 될 수 있으나, 장기적으로는 상대 국민의 불신과 반감을 자극하여 관계 개선을 더욱 어렵게 만든다.

예를 들어, 일본 우익 정치인의 망언은 한국의 시민 정서를 자극하고 한국 내 반일 구호는 일본 대중의 반한 정서를 부추긴다. 이러한 정치는 정책보다 감정, 협력보다 대립을 선택하는 구조적 한계를 갖고 있다.

5. 불신을 넘는 가능성 – 청년세대와 시민의 역할

다행히 변화의 조짐은 분명히 존재한다. 특히 청년세대와 일반시민의 교류 경험은 상대국에 대한 편견 극복에 중요한 기반이 되고 있다.

- 한일 청소년 캠프, 문화 교류, 유학 경험 등은 정서 이해의 공간을 확장
- 일본 내 한류 팬덤은 한국문화에 대한 긍정적 감정 형성에 기여
- 한국 내 일본의 문학·애니메이션·음식 문화에 대한 애호층 지속 확대

이러한 문화적 친화성은 정치 갈등과 무관하게 성장하고 있으며, 양국 관계가 감정 고조로 흔들릴 때마다 완충 기능을 하고 있다.

6. '신뢰 축적'이라는 사회적 과제

양국 국민 간 신뢰 회복은 단기간에 이루어지지 않는다. 이는 외교 선언보다 더디고, 통계수치 제시보다 섬세한 감정의 영역이다. 따라서 다음과 같은 노력을 꾸준히 병행해야 한다.

- 사실에 기초한 언론 보도와 혐오 표현 규제
- 공통 관심사를 통한 협력(기후, 기술, 인권 등) 콘텐츠 확대
- 양국 학교 간 교과 교류와 공동 프로젝트 강화
- 인문·정서 중심의 시민 공공외교 추진(역사·문학·예술 중심)

신뢰는 말이 아닌 만남에서 쌓인다. 60년 세월이 남긴 감정 균열을 메우는 것은 결국 '서로를 이해하려는 평범한 시민의 진심'이어야 한다.

제4부

수교 60주년의 현재적 의의

제1장 윤석열 정부와 기시다 내각의 정상외교

1. '관계 복원'에서 '전략적 동반자'로

2022년 윤석열 정부가 출범하면서, 한일관계는 새로운 전기를 맞았다. 문재인 정부 시절 강제징용 판결과 일본의 수출규제 조치로 단절 상태에 빠졌던 양국 외교는, 윤석열 대통령이 "한일관계를 미래지향적으로 복원하겠다"는 선언과 함께 과거 갈등보다 전략적 협력을 우선하는 노선으로 바뀌었다.

기시다 후미오 내각 또한 미·중 전략 경쟁, 북한 핵 위협, 글로벌 공급망 위기 등 국제 정세의 격변 틈새에서 한국과의 협력 필요성을 실용적으로 인식하고 있었다. 양국은 다시 '미래 협력'을 위한 조건을 조율하고, 고위급 외교 채널을 가동하기 시작했다.

2. 한일 정상회담의 재개 – 12년 만의 도쿄 회담

2023년 3월, 윤석열 대통령은 일본 도쿄를 방문해 기시다 총리와 정상회담을 개최했다. 이는 2011년 이명박 대통령 방일 이후 12년 만의 대통령 방문이었다. 이 회담에서 양국 정상은 다음과 같은 성과를 이끌어냈다.

- 외교·경제·안보 분야의 정상급 대화 채널 복원
- 군사정보보호협정(GSOMIA)의 정상화 재확인
- 수출규제 해소 및 전략물자 협의체 복원
- 청년 교류, 지방정부 협력, 문화 콘텐츠 교류 확대 방안 논의

무엇보다 중요한 것은, 정상 간 '신뢰' 형성이었다. 윤석열 대통령은 "과거에 발목 잡혀 미래로 나아가지 못할 수 없다"고 선언했고, 기시다 총리는 "식민 지배로 인해 많은 이들이 고통을 겪었다는 점을 가슴 아프게 생각한다"며 일본 총리로서는 이례적으로 유감을 표명했다. 이러한 발언은 제한적이긴 했지만, '과거에 대한 최소한의 인식 공유'였다.

3. 글로벌 정세 속의 실용 외교

윤석열 정부와 기시다 내각의 외교는 전통적 민족 감정보다 국제 전략에 무게중심을 둔 외교 기조를 드러낸다. 양국 모두 다음과 같은 공통의 이해관계를 갖고 있다.

- 북한의 핵·미사일 위협에 따른 안보 공조 강화 필요성
- 중국의 경제·군사적 부상에 따른 공급망 재편 협력
- 러시아-우크라이나 전쟁 이후 에너지 및 안보 위기 대응
- 인도-태평양 전략에 있어 미국과의 공조 및 지역 역할 확대

이러한 상황에서 한일관계의 전략적 가치가 재조명되었고, 양국은 정치적 감정보다 경제·기술·안보 협력을 중심으로 실질적 관계 복원을 도모했다.

4. 정치적 리스크와 여론의 간극

정상외교 재개와 협력기조 강화에도 불구하고, 양국 자국내에서는 여

전히 정서적·정치적으로 다음과 같은 반발 여론이 존재한다.

- 한국에서는 강제징용 제3자 변제 방식에 대한 '굴욕 외교' 프레임
- 일본에서는 '불필요한 양보' 혹은 '한국의 반일 감정 재연 가능성'에 대한 우려
- 양국 모두에서는 '역사를 무작정 덮는 외교가 아닌가'에 대한 비판

이러한 분위기는 정상 간 신뢰와 국민 간 감정 사이의 온도차이며, 정치 지도자는 국내 설득과 국제 협력의 균형을 통해 이런 차이를 좁혀야 할 책무가 있다.

5. 새로운 모델을 향한 조건 – 신뢰, 책임, 비전

윤석열 정부와 기시다 내각의 정상외교는 외교 정상화의 수준을 넘어, 다음과 같은 새로운 협력 모델로 나아가야 한다.

- 정상 간 정기적인 셔틀외교 체계 정착
- 공급망, AI, 기후, 인구문제 등 글로벌 과제의 공동 대응 플랫폼 구축
- 청년 세대의 교류 확대를 통한 지속가능한 신뢰 기반 확보
- 과거사 문제의 제도적 관리 메커니즘 마련(공동 역사위원회, 민간 진상조사단 등)

정상외교는 문을 여는 일이지만, 그 문을 계속 열어두고 공동의 집을 짓는 것은 국민의 지지와 사회적 신뢰다.

제2장 2025년 수교 60주년 기념사업 개요

1. 60주년의 의미 – 대립의 역사에서 공존의 미래로

2025년은 한일 수교 60주년이자, 광복 80주년을 맞는 해다. 이는 한일 양국이 식민지와 분단, 전후 복원과 협력의 긴 역사의 터널을 지나 새로운 100년의 관계를 설계해야 할 전환점에 서 있다는 의미다.

이는 곧 한일 수교 60주년이 과거를 성찰하고, 미래 협력을 설계하는 계기가 되어야 한다는 의미이며. 나아가 시민이 주체가 되는 '국민외교의 장'이 되어야 한다는 의미이다.

2. 양국 정부의 60주년 공식 기념사업

2024년 말 한일 양국은 외교장관 회담을 통해 '2025년 수교 60주년 공동기념 로드맵'에 합의했다. 이 로드맵에 따라 양국은 다음과 같은 주요 사업을 기획하고 있다.

- 한일문화축전 2025 – 도쿄와 서울에서 동시 개최
- 한일 경제 협력 포럼 및 기술 박람회 - 탄소중립, AI, 반도체 등
- 한일 청년 정상회담 – 차세대 리더 100인 교류 프로젝트
- 한일관계 60주년 특별전 – 과거와 미래를 잇는 역사 기획 전시
- 양국 지방정부 간 자매도시 주간 – 지역 기반 우정 강화
- 위안부·강제징용 피해자 증언자료 공동 디지털 아카이브 구축

• 수교 60주년 기념 우표·기념주화 공동 발행

이러한 사업들은 외교·문화·산업·교육·시민사회 등 전 분야에서 기념과 실천을 아우르는 다층적 기획으로, '기념하는 외교'에서 '새로 시작하는 외교'로의 전환을 뜻한다.

3. 민간·시민 중심의 자발적 기념 활동 확산

한일 수교 60주년을 맞이하여, 시민사회와 민간단체에서도 다음과 같은 다양한 기획이 진행되고 있다.

• 한일 청소년 평화 캠프 - DMZ 공동방문 등 다양한 행사
• 한일 공동 출판 프로젝트 - 다국어 역사 교재, 평화 에세이
• 청년 다큐 제작단 - '우리가 본 한일'
• 한일 커플·가족 이야기 공모전 - 문화 공존의 상징화
• SNS 캠페인 – '한일 60년', '동반자의 길'
• 한일 공동 창작 프로젝트 - 음악·영화·미술 분야

특히 MZ세대 중심의 한일 인플루언서 협업, 유튜브 기반 콘텐츠 교류, 디지털 전시관 운영 등 디지털 문화 플랫폼을 중심으로 한 신세대형 외교 시도는 향후 양국 관계의 감정적 거리 해소에 지대한 역할을 할 것으로 기대된다.

4. 남은 과제 – 기념과 성찰의 균형

기념사업이 성공하려면 '축제' 프로그램 중 과거 문제를 진솔하게 바라보는 '성찰의 공간'이 반드시 마련되어야 한다.

- 위안부·강제 징용 문제 둘러싼 역사 공동 자료관 운영, 온라인 전시 강화
- 일본 내 역사 왜곡 사례 공동 토론 및 대응 포럼
- 갈등의 역사를 평화 메시지로 전환하는 콘텐츠 기획
- 한일 공동 청소년 평화선언문 채택 등 '기억과 미래를 잇는 상징 행사' 병행

과거사를 외면하지 않으면서도, 새로운 세대를 위한 미래 메시지가 한일 60주년을 진정한 '국면 전환의 해'로 완성시킬 수 있어야 한다.

5. '공식외교와 국민외교'의 이중 엔진 구동

2025년 한일 수교 60주년은 정부가 문을 열고, 국민이 다리를 놓는 협력 모델을 실험하는 해가 되어야 한다. 정치가 정체된 지점에서 교육과 문화, 청년과 시민이 주도하는 다층적 교류와 공동 행동은 '진정한 동반자 관계'를 실현하는 새로운 외교 엔진이 될 수 있다.

제3장 새로운 한일협력 모델의 필요성

1. 기존 협력 모델의 한계

한일 수교 60년 동안 양국은 경제·문화·안보 등 다양한 분야에서 협력을 이어왔지만, 그 기반은 정치적 타협과 위기관리 중심이었다. 과거사를 건너뛰거나 미봉하면서도, 상호 필요에 의존해 손을 맞잡거나 등을 돌리는 형식이 반복됐다. 결국 이런 관계는 갈등이 재발할 때마다 취약점을 드러냈고, 이에 따른 국민 정서와 역사 인식의 괴리는 점점 커져만 갔다.

기존의 '실용 외교와 정치 지도자 간 셔틀외교' 중심 모델로는 복합위기 시대의 불확실성과 시민 감정의 역동성을 담아내기 어렵다. 이제는 기존 '정상 간 대화' 방식에서 벗어나 사회 전반에서 협력 구조를 새롭게 디자인할 필요가 있다.

2. 21세기형 협력의 조건 – 다층적 파트너십

새로운 한일협력 모델은 전방위적이고 입체적인 파트너십이어야 한다. 정치·경제·외교·문화·기술 등 다양한 분야에서 시민사회·청년세대가 함께하는 다층적 구조로서 다음의 원칙을 중심에 두어야 한다.

- 쌍방향성과 상호성 - 한국만의 문제 제기도, 일본만의 관점 고수도 아니어야
- 지속가능성 - 정권 교체나 여론의 일시 반응에 흔들리지 않는 구조여야

• 사회 기반 중심 - 정부 중심이 아닌 시민·지방정부·교육계 중심 교류여야
• 비정치적 공공의제 연계 - 기후, AI, 인구, 고령화 등 공동문제 협력이어야

이러한 원칙을 기반으로 한 한일협력은 '사건 대응형 협력'을 넘어 '미래 설계형 협력' 체계로 진화해야 한다.

3. 협력의 새로운 영역 – 경제, 기술, 인구, 안보의 융합

신흥위기와 기술변화가 촉발하는 새로운 공동과제들이 한일협력의 새로운 접점을 제공하고 있다.

• 기후변화 대응 - 탄소중립 정책, 친환경 도시, 해양환경 보호 공동사업
• 디지털 전환 - AI 윤리, 데이터 보안, 디지털 시민 역량 공동 교육
• 고령화 대응 - 의료 협력, 실버산업 공동 개발, 인구정책 워크숍
• 공급망 재편 - 반도체, 배터리, 전략 광물 분야의 안정망 구축
• 사이버안보·우주안보 협력 – 기술 기반 안보 영역의 협조 체계 구축

'공동번영'을 지향하는 이러한 협력은 한일 양국이 글로벌 리더십을 함께 발휘할 수 있는 기반이 될 것이다.

4. 청년세대 중심 협력으로 전환

가장 중요한 변화는 청년세대를 중심축에 세우는 것이다. 기존 협력

모델이 정치·경제 엘리트 중심이었다면, 이제는 MZ세대가 주도하는 문화창작, 공동기획, 스타트업, 공공외교 프로젝트가 되어야 하고, 이것이 추후 양국 관계의 미래를 결정할 것이다.

- 한일 청년정책 포럼, 공동창업 인큐베이팅, 교차 유학 지원
- 한일 메타버스 외교 실험, 디지털 문화 공동제작소
- 공동 어젠다 제안 경연, 양국 청년이 설계한 미래 선언문 등

이러한 시도는 프로그램 속에서 협력의 패러다임 자체를 재정의하는 흐름으로 작용할 수 있다.

5. 한일 연합 비전을 향하여 – 유럽연합(EU)형 모델 가능성

'갈등 완화' 또는 '현실 공조' 수준의 한일관계가 장기적으로 제도화된 협력 구조로 진화할 가능성이 크다.

- 한일 공동기금 설립 - 지속협력 재정 확보
- 한일 의회연합·한일 시민의회 구성 - 민주적 의견 수렴 채널
- 한일 평화캠퍼스 네트워크 – 교육 협력 거버넌스
- 한일경제·기술연합 기구 - 산업 연계 플랫폼
- 공동 외교사절 파견 및 국제기구 내 협력 지분 확대 - 글로벌 파트너십

이는 유럽통합 초기에 프랑스와 독일이 '공동 이해의 제도화'를 통해 전쟁의 아픔을 극복하고 '공동의 미래'를 설계했던 것처럼, 한일도 역사의

그늘을 거두고 새로운 미래의 구조를 구축할 수 있는 비전 가능성을 보여 주는 모델이다.

제4장 글로벌 이슈에서의 협력 가능성(기후, 인구, AI 등)

1. 한일 양국, 글로벌 도전 앞에 함께 서다

21세기 국제사회는 국가 간 공동 대응이 절실한 글로벌 어젠다를 마주하고 있다. 기후 위기, 고령화, 인구 절벽, 디지털 전환, AI 윤리 등은 어느 한 나라가 독자적으로 해결할 수 없는 초국가적 과제이며, 이러한 문제는 지리적으로 가까우면서도 기술력과 정책 역량을 갖춘 한국과 일본이 공동 대응할 경우, 세계적으로 큰 파급력을 갖게 될 것이다.

2. 기후 위기 대응 – 에너지 전환과 도시 협력

한국과 일본은 산업화를 빠르게 이룬 국가로서 온실가스 배출 감축, 탄소중립 이행, 에너지 구조 개혁이라는 과제를 동시에 안고 있다. 협력 가능 분야는 다음과 같다.

- 수소경제 및 재생에너지 기술 협력 - 일본의 수소전환, 한국의 배터리 기술 융합
- 탄소배출권 공동시장 시범 운영 - 동북아 탄소거래 체제 논의 출발
- 기후 도시 파트너십 - 서울~도쿄, 부산~요코하마 간 공동 탄소중립 선언
- 기후 위기 대응 공공캠페인 및 교육콘텐츠 공동제작

기후 위기는 경제와 기술, 시민사회 의식을 아우르는 종합 과제이며,

한일이 함께 대응한다면 동아시아형 녹색 협력 모델로 발전할 수 있다.

3. 인구절벽과 고령화 – 사회복지와 인재 순환의 해법

한국과 일본은 세계에서 가장 빠른 속도로 고령화된 국가다. 출산율 저하, 청년인구 감소, 생산가능인구 축소는 양국의 공통된 위기이다. 협력 가능성은 다음과 같다.

- 돌봄 로봇·실버 헬스케어 공동산업 육성
- 청년 인재 교차 교류 정책 - 한일 공동 인턴십, 취업 매칭
- 재택의료·스마트복지 주택 설계 공동 프로젝트
- '인구미래 포럼' 구성 – 정책·문화·노동 의제에 대한 공동대응 시나리오 구축

일본의 고령사회 대응 경험과 한국의 디지털 혁신역량은 서로 보완할 수 있으며, 공공복지혁신 분야에서 세계적 벤치마킹 대상이 될 수 있다.

4. AI와 디지털 전환 – 윤리와 기술의 동시 실험

인공지능은 양국 모두의 미래를 좌우할 핵심 기술이다. 하지만 기술 발전 속도가 윤리·제도·철학 논의 속도를 앞지르면서, 기술 공동체로서의 글로벌 거버넌스 구축이 필요한 상황이다. 한일은 다음을 중심으로 협력할 수 있다.

- AI 윤리 강령 공동 발표(신뢰가능한 AI 개발 지침)
- 한일 공동 AI 실험 캠퍼스 조성
- 스마트시티 및 디지털정부 표준화 협력
- 사이버보안 및 정보보호 협력 체계 구축
- 디지털 포용을 위한 교육콘텐츠 공동제작

이러한 협력은 '기술 철학 동맹'을 의미하며, '어떤 기술을 어떻게 쓸 것인가'에 대한 미래세대의 책임을 공유하는 방식이 될 수 있다.

5. '미래 연합'을 향한 실험 거버넌스 구축

기후, 인구, AI와 같은 글로벌 이슈는 단기 수치 성과보다 장기 신뢰, 상호 의존 구조, 시민 기반 거버넌스를 요구한다. 이를 위해 한일은 다음과 같은 협력의 틀을 시도할 수 있다.

- 한일 지속가능발전위원회(SDG 연계형 협력 플랫폼)
- 한일 글로벌 청년 미래 포럼(기후·인권·AI 주제별 연례 토론)
- 한일 미래 과학기술 공동펀드 및 공동특허 협약 체계 구축
- 지방정부 단위 글로벌 이슈 공동 대응 매뉴얼 제작

이러한 양국 간 협력 모델은 국제사회가 직면한 거대한 과제에 해법을 제시하는 리더십으로 기능할 수 있다.

제5장 청년세대 교류와 '정치 밖의 우정' 가능성

1. 미래를 이어갈 세대, 청년

한일 수교 60주년을 맞이한 지금, 양국관계의 미래를 결정할 핵심 주체는 과거를 겪은 기성세대가 아니라, 디지털 시대의 공통언어와 감성을 공유하는 청년세대다. 정치, 역사, 외교는 여전히 무겁지만, 청년들은 문화, 기술, 일상 경험을 통해 '정치 밖의 우정'을 자연스럽게 쌓아가고 있다. 이 교류와 연대의 축적이 한일관계의 진정한 '전환점'이 될 수 있다.

2. 교류의 변화 – 정보 중심에서 공감 중심으로

1990~2000년대까지 한일 청년 교류는 주로 언어연수, 유학, 세미나 중심이었지만, 2010년 이후부터는 문화 콘텐츠·창작·디지털 플랫폼을 통한 일상 교류로 확장하고 있다.

- K-POP 팬덤을 통한 일본 청소년의 한국어 학습
- 일본 애니메이션과 웹툰을 공유하며 자연스레 공감대 형성
- SNS, 유튜브, 틱톡 등에서의 콘텐츠 공동제작 및 교류
- 공동창업과 창작을 위한 클라우드펀딩 및 스타트업 협업

이러한 흐름은 정치 입장이나 외교 갈등과 무관하게 청년들이 일상 경험을 통해 상대국을 '친숙한 친구'로 인식하게 하는 기반이 된다.

3. 기억보다 공감, 과거보다 미래를 말하는 세대

청년세대는 식민지 경험도 없고, 전쟁 상처도 없다. 이들은 '책에서 배운 역사'보다 '인터넷에서 공유한 콘텐츠', '교류 프로그램에서 만난 친구들'을 통해 상대국을 인식한다.

이는 정치적 긴장이 고조될 때에도 청년들 사이에 '상대방 전체를 적대시하지 않는 정서'를 가능케 한다. 즉, 과거의 기억보다, 현재의 감정과 미래의 가능성을 기준으로 관계를 판단하는 것이다.

4. 미래를 설계하는 청년 주도의 플랫폼 필요

청년 교류 중요성이 갈수록 커지고 있음에도 불구하고, 제도 뒷받침은 여전히 한계가 있다. 따라서 다음과 같은 청년 주도형 협력 플랫폼 설계가 요구된다.

- 한일 청년 창업·창작 페스티벌 - 공동 프로젝트, 피칭 대회, 스타트업 교류
- 한일 글로벌 유튜브 캠프 - 청년 인플루언서 협업 콘텐츠 제작
- 워킹홀리데이 커뮤니티 플랫폼 - 체류자 간 경험 공유, 지역 커뮤니티 연결
- 한일 미래정책 캠프 - 양국 청년이 협력 정책을 제안하고 실험

이런 기획은 '정상회담'보다 느릴지라도, 훨씬 더 오래 지속될 신뢰의

토대다.

5. '정치 밖의 우정'이 주는 희망

한일관계는 언제나 정치·외교 변수에 따라 흔들려 왔다. 그러나 청년세대는 기존과 전혀 다른 '정치 없이도 가능한 공감'을 만들어내고 있다. 그 공감은

- 상대국 문화를 좋아하게 되는 감정에서 시작되고
- 친구를 사귀고, 언어를 배우고, 함께 무언가를 만들면서 자라고
- 갈등이 생기더라도 '국민 전체'가 아닌 '내 친구'라는 경험을 통해 극복된다.

이는 외교적으로는 '비공식 채널', 사회적으로는 '정서 방파제'로 작용하며, 국가 간 관계가 멈춰도, 시민의 우정은 계속 나아갈 수 있다는 특징이 있다.

제6장 한일연합 비전 - EU형 협력 구조 가능성

1. 왜 '한일 연합'인가?

한일관계는 지난 60년 동안 대립과 협력을 반복해 왔다. 과거의 상처가 여전한 현실이지만, 미래를 향한 새로운 기회도 분명 존재한다. △국제질서 재편 △경제·안보 공존 △인구 위기와 기술 전환 등 공동의 도전 속에서 한일 양국은 '플랫폼 연합'으로의 진화 가능성이 열리고 있다.

이는 양자관계가 유럽연합(EU)처럼 제도화된 협력 구조, 즉 '한일 연합' 모델과 같은 구상이 필요하다는 시대 요구이기도 하다.

2. EU형 협력의 핵심 – 제도화된 신뢰

유럽은 과거 세계대전의 참화를 겪었지만, 총부리를 겨눴던 프랑스와 독일이 신뢰를 제도화하며 유럽연합(EU)을 출범시켰다. 이 과정에서 반복된 핵심 키워드는 다음과 같다.

- 청년들의 공통된 역사 인식과 진정한 사과
- 경제협력의 제도화(석탄·철강 공동체)
- 청년과 시민 중심의 연합 가치 강화
- 주권은 유지하되, 공동결정 구조 확립
- 정치·경제·문화·외교의 공동 거버넌스

이런 모델은 한일관계에 시사점이 크다. 신뢰 문제를 협정에만 기대지 않고, 지속가능한 구조로 바꾸는 것, 그것이 '한일 연합' 논의의 시작점일 수 있기 때문이다.

3. '한일 연합'을 위한 제안

한일 연합은 각국의 주권과 정체성을 존중하면서, 일정 분야에서 제도화된 협력 체계를 형성하는 것을 뜻한다. 그 예시는 다음과 같다.

1) 한일 공동의회 - 양국 국회의원으로 구성된 정례 공동의회(공동 입법 제안 및 상호정책 점검)
2) 한일 경제·기술연합기구 - 탄소중립, 반도체, 스마트제조, AI 등 협력 촉진(공급망 안정과 산업표준화 선도 포함)
3) 한일 평화·역사공동위원회 - 갈등 이슈 발생 시 중재 및 공공 기록 정리(교과서 공동 검토 및 역사 자료 디지털화)
4) 한일 청년연합 플랫폼 - 양국 대학생과 청년의 학점·경력·창업 공동 인증제 도입(세계시민주의 설파한 사제 에라스뮈스처럼)
5) 한일 공공외교센터 - 문화·언론·학술 교류를 총괄하는 거버넌스(디지털 콘텐츠와 언론 교류 확대)

이런 구조는 외교 탄력성을 높이고, 정권 교체와 관계없이 협력을 유지하는 안전장치로 작용할 수 있다.

4. 도전과 장애 요인

한일 연합 모델은 다음과 같은 해결과제를 안고 있다.

- 역사 문제를 둘러싼 책임과 인식 격차
- 정치권 포퓰리즘과 국민감정 휘둘림
- 제도화를 위한 법적·외교적 설계 부족
- 일본 내 우익반발과 한국 내 반일 정서 상존

그러나 이런 장애 요인들은 협력의 제도화를 통해 점진적으로 극복가능하며, 이를 위해서는 일회성 선언이 아닌 중장기 설계와 시민 참여 기반을 조성해야 한다.

5. 한일 연합, 동아시아 통합의 마중물

한일 연합은 양국의 미래이지만 이 구상은 훗날 한중일 3국 협력, 동북아 경제공동체, 더 나아가 유라시아 연계 통합으로 이어질 수 있는 첫걸음이다.

- 한국의 통일 이후 동북아 질서 안정화 구도 선점
- 글로벌 거버넌스에서 동아시아 블록의 비중 강화
- 한·미·일, 한·중·일, 아세안까지 연결하는 연합 축 형성
- 궁극적으로는 민족주의가 아닌 협력주의

이는 대립의 역사 위에 공동의 미래를 짓는 '문명화된 파트너십'의 표본이 될 수 있다.

제5부

미래를 향한 제언 - 한일 공영의 길

제1장 공동 역사교육과 진실한 사과 외교

1. 과거를 직시해야 미래 설계 가능

한일관계의 진정한 회복과 협력은 과거사를 어떻게 기억하고 맞이하느냐에 달려 있다. 양국은 '미래로 가자'는 말을 누차 반복했지만, 정작 그 미래는 과거의 그림자에 묻혀 정지되곤 했다.

한일 양국이 진정한 공영의 길로 나아가기 위해서는 역사에 관한 공감과 책임의 과정이 선행되어야 한다. 그리고 그 출발점은 공동의 역사교육과 진정성 있는 사과 외교다.

2. 역사 인식의 차이를 줄이는 교육적 노력

한국과 일본은 동일한 사건을 서로 다르게 해석하고 이를 가르쳐 왔다. 일본에서는 식민지 지배의 불법성과 강제성을 축소·은폐한 교과서가 공공연히 존재하며, 한국에서는 일본을 향한 적대적 감정에 지나치게 치우치는 측면이 강했다. 이를 극복하기 위한 방안을 다음과 같이 제시한다.

- 한일 공동 역사 교과서 개발 시도
- 과거 유럽의 독일-프랑스 공동 교과서 사례 참조
- 동북아 역사공동연구위원회 기능 재활성화
- 역사 사실에 기초한 공통 서술의 폭 확장
- 청소년 공동 역사 워크숍 수시 개최

• 양국 고등학생이 참여하는 역사 캠프 운영
• 공동 자료 조사, 피드백, 발표회 활성화
• 대학생 공동 수업 콘텐츠 개발
• 대학 간 '역사 공감' 공통 MOOC(언제 어디서나 들을 수 있는 온라인 강좌) 운영
• 비교사 관점의 교차토론 중심 학습 환경 조성

이런 과정은 상대 관점에서 서로의 상처를 보듬고 이해하는 학습의 장으로 승화할 수 있다.

3. 사과 외교 - 진심은 반복되어야 신뢰 구축

일본 정부는 과거 여러 차례 공식 사과 입장을 밝힌 바 있다. 고노 담화(1993), 무라야마 담화(1995), 간 나오토 담화(2010) 등이 그것으로, 이는 외교적으로 매우 의미 있는 일이었다. 그러나 이런 사과는 다음과 같은 이유로 지속적 신뢰를 얻지 못했다.

• '책임'이란 구체적 표현이 아닌 '유감'이나 '애도' 수준의 우회 사과
• 사과 직후 우익 정치인의 잇단 망언과 야스쿠니 신사 참배
• 구체적 보상과 제도 정착 미실현
• 피해자 당사자들과의 소통 부족

진정한 사과는 일관성과 제도화로 승화되어야 한다. 신뢰는 오락가락하는 태도나 말이 아니라, 일관성 있는 실천과 행동에서 드러나기 때문이다.

4. 사과와 교육이 만나는 지점 – ‘기억 공동체’ 형성

미래세대가 한일 간 아픈 역사를 망각하지 않고 적대감 없이 배우려면, 진솔한 사과와 교육이 이어져야 한다. 이는 과거와 같은 역사가 되풀이되지 않도록 하는 장치일 뿐만 아니라, 같은 기억을 공유하는 평화공동체를 만들어가는 길이다. 다음과 같은 시도가 이에 도움이 될 것이다.

- 한일 공동기억박물관 설립 - 부산 혹은 후쿠오카
- 디지털 기억 아카이브 구축 – 강제 동원, 위안부, 식민지 생활사 등
- 한일 피해자 가족이나 후손 간 소통 - 공감 대화 모임 운영
- 한일 공동 과거사 진상조사 - 보고서 발간

이런 노력은 인간의 고통과 존엄을 인지하고 깨치는 교육으로서 의미가 깊다.

5. 책임과 용서, 그리고 공존의 외교

책임지고 용서를 구하며, 미래 공존을 설계하는 외교가 중요하다. 일본은 일관성 있게 책임지는 태도를 보여야 하고, 한국은 감정적 반응보다 용서하는 성숙한 의식을 가져야 한다.

공동의 역사교육과 사과 외교는 한일 양국이 세계 시민사회에 새로운 평화 모델을 제시한다는데 커다란 의미가 있다. 기억을 공유하고, 상처를 공감하는 순간부터 우리는 ‘역사를 넘어선 이웃 동반자’가 될 수 있다.

제2장 경제공동체와 기술·산업 협력의 새 비전

1. 한일 경제관계, 경쟁과 협력의 60년

한일 수교 이후 양국은 급속한 경제성장을 바탕으로 상호보완적 무역·투자 관계를 형성해 왔다. 일본은 한국의 산업화 초기 자본·기술·설비의 주요 공급국이었고, 한국은 빠른 추격 전략으로 일부 분야에서 일본과 경쟁하는 동아시아 제조산업의 핵심 동반자로 부상했다.

그러나 2019년 일본의 수출규제 사태는 양국 경제관계가 얼마나 취약한지 그 실태를 여실히 드러냈고, 경제협력이 정치갈등에 쉽사리 흔들려서는 안 된다는 교훈을 남겼다.

2. 경제공동체로의 전환이 필요한 이유

이제 양국은 기술교류나 무역동반자를 넘어 공동 위기대응과 혁신생태계를 공유하는 경제공동체로의 전환이 무엇보다 절실하다. 그 배경에는 다음과 같은 공통의 위기와 기회가 존재한다.

- 글로벌 공급망 재편 - 미국·중국의 지정학적 갈등 사이에서 안정적 공급망 절실
- 탄소중립과 디지털 전환 - 산업구조 전면 재편 절실
- 저성장과 고령화 대응 - 내수시장의 한계를 극복할 공동 혁신 필요
- 기술 패권 경쟁 시대 - 반도체, 배터리, AI 등 첨단기술의 협력과 공동

방어 필요

이런 노력과 도전은 한일 양국의 경제공동체 연합으로 급속한 관계개선을 이뤄낼 수 있다.

3. 공동기술·산업 협력의 새로운 가능성

한일은 다음과 같은 분야에서 상호보완 및 공동발전 가능성을 증폭시킬 수 있다.

1) 반도체 - 한국의 메모리 강점과 일본의 소재·장비 기술 협력(EUV 기술 협력, 소재 국산화 공동 프로젝트 활성화)
2) 이차전지 및 배터리 - 한국의 생산기술과 일본의 장수명(長壽命) 소재 및 내구성 기술 협력(고체 배터리 등 차세대 기술 공동 R&D)
3) AI·로봇공학·양자기술 - 한국의 소프트웨어 기술력과 일본의 정밀기계·기초연구(산업현장 자동화, 돌봄 로봇, 의료AI 협력)
4) 스마트제조 및 탄소중립 기술 - 수소연료전지, 스마트팩토리, 디지털트윈 기술의 공동개발(ESG 공동 평가시스템과 기술표준 정립 시도)

이런 협력을 통해 산업 생태계 차원의 융합과 동반성장이 얼마든지 가능하다.

4. 경제공동체 실현을 위한 제도적 기반

경제공동체 구상을 실현하기 위해서는 다음과 같은 제도적·정책적 틀이 필요하다.

- 한일 경제·기술 공동협력위원회 정례화
- 한일 혁신산업 펀드 조성(정부, 민간, 지자체 공동 혹은 개별 참여)
- 한일 공동기술연구소 설립(친환경, 헬스, ICT 분야)
- 산업·노동정책 연계 워킹그룹 구성(인력 교류, 기준 통합)
- 스타트업 교차 진출 인큐베이터 운영(한·일 청년 창업가 육성)

이러한 기반은 양국 기업의 투자 리스크를 줄이고, 기술공유와 공동특허를 활성화할 수 있으며, 상호의존성을 통한 협력의 지속가능성을 높일 수 있다.

5. 한일경제 공영의 미래 비전

경제공동체는 수출입 구조 안정화는 물론, 한일 양국이 '기술·산업의 미래'를 함께 열어가는 좋은 길을 열 것이다.

- 아시아 기술 블록 구축의 선도모델
- 국제표준 공동제안국으로의 도약
- 미국·EU·아세안 등 제 3국 시장 공동 진출
- 통일한국 이후의 한반도 산업발전 전략 사전 협의 가능

결국, 진정한 경제교류는 과거 상처를 치유하고 미래를 여는 가장 현실적인 방안이 될 것이다.

제3장 동아시아 평화와 안보에서의 역할 공유

1. 변곡점에 선 동북아 질서

21세기 중반을 향해 치닫는 지금, 동아시아는 복합안보 위기와 새로운 질서 재편의 중대한 기로에 서 있다. 안보 관련 국제정세는 이러하다.

- 북한의 핵·미사일 위협 고도화
- 중국의 대만 침략설 등으로 대만해협 긴장 고조
- 러시아의 유라시아 전략 변화와 우크라이나 침공
- 미·중 전략 경쟁과 '인도-태평양' 구도 본격화

이러한 다층적 위기에서 한일 양국은 자유민주주의, 시장경제, 인권이라는 공동 가치를 실현하는 파트너이자 핵심 주도자가 되어야 한다.

2. 안보 역할 공유의 필요성

한일 양국은 미국과 각각의 안보동맹(한미동맹, 미일동맹)을 맺고 있으며, 최근에는 한·미·일 삼각안보협력 체제를 통해 정보공유, 미사일 경보, 연합훈련 등에서 협력을 강화해가고 있다. 하지만 그간 양국의 안보협력은 역사·감정 요인에 가로막혀 상당히 제한적이었다. 이제는 다음과 같은 영역에서 '역할 공유'와 '실질 확대'가 필요하다.

• 북한 도발 시 공동 대응 시나리오 조정
• 사이버·우주·해양 등 신흥 안보 위협 대응 협력
• 대만해협·남중국해 문제 등 자유항행 원칙 공동 수호
• 한반도 유사시 일본 내 미군기지 활용 관련 사전 조율 체계화

이는 가장 기초적인 군사협력이자, '가치기반 동맹'을 위한 공동전략 구상의 출발점이기도 하다.

3. 안보협력의 핵심 - 신뢰와 소통의 제도화

역할 공유를 위한 전제는 정치 선언이 아닌 구조 신뢰다. 이를 위해 다음과 같은 제도 기반이 마련되어야 한다.

1) 한일 외교·국방 회담 정례화 - 전략조율 및 위기관리를 위한 정기적인 대화 채널 구축
2) 한일 국방대학 교류 및 장교 교환 프로그램 확대 - 중장기적으로 안보 공유를 위한 인적 기반 마련
3) 한일 공동 안보 포럼 및 트랙2 협의체 운영 - 민간·학계·전문가 간 정책 제안 및 교류 활성화
4) 위기 시 공동 언론 발표 시스템 구축 - 갈등 상황에서 상호 오해와 정보 왜곡 방지

이런 노력은 안보협력이 자국 내 정치에 휘둘리지 않도록 지속가능한 파트너십을 정착시키는 일이다.

4. 평화 유지자로서의 역할 확대

한일은 과거 갈등 극복은 물론이요 장차 동북아 평화의 조정자이자 촉진자로서 역할을 확대할 수 있다.

- 6자 회담 또는 대북정책 공조 체계 재건 논의
- 한반도 비핵화 이후를 대비한 공동 평화유지 계획 수립
- 한중일 평화외교 플랫폼 구축에 공동 창설국으로 참여
- 유엔 평화유지활동(PKO)에서의 한일 공동 파병 사례 확대

이러한 평화 활동은 군사력과 별개로, 협력과 신뢰 안보를 실현하는 모델이 될 수 있으며, 국제사회에서도 이상 모델로 높은 평가를 받을 수 있다.

5. 한일 안보 연대의 미래

동아시아의 불안정성이 커질수록, 한일 양국의 역할 공유와 전략 연합은 선택이 아닌 시대 사명이다. 이제 우리는 다음과 같은 질문을 공유해야 한다.

- 우리는 같은 위협 앞에서 서로의 등을 맡길 준비가 되어 있는가?
- 과거 감정보다 미래 안전을 더 우선시할 수 있는가?
- 자유, 평화, 인권이라는 가치에 동맹으로 나설 수 있는가?

이 질문에 구체적인 실천 응답이 쌓일 때, 한일공영의 길은 현실로 다가올 것이다.

제4장 디지털, 문화, 인재 교류 중심의 미래 전략

1. '하드 파워'에서 '소프트 파워' 시대로

한일관계의 미래는 정치·안보·경제만으로 완성될 수 없다. 이제는 문화, 디지털, 인재 교류를 중심으로 한 '소프트 파워 기반 협력'이 더욱 중요하다. 이것이야말로 양국 공영의 지속가능한 토대를 이룰 핵심 전략이 될 것이다.

나아가 이는 깊은 정서신뢰와 가치공유를 이끌어낼 것이며, '정치 밖의 외교'를 통해 '시민 중심의 동반자'로 나아가는 구체적이고 실질적인 경로가 될 것이다.

2. 디지털 교류 – 국경 없는 소통의 확장

한일 양국은 디지털 기술 강국이자, 청년이 주도하는 콘텐츠 소비·생산국가다. K-POP, J-POP, 드라마, 애니메이션, 웹툰, 게임 등 다양한 콘텐츠가 양국 청년 세대에 깊은 영향을 미치고 있다. 또한 유튜브, 틱톡, 인스타그램을 통한 교류가 하루 수백만 건에 이를 만큼 상호 반향이 강력하다. 양국의 협력 확대 방향을 정리하면 이렇다.

• 한일 공동 디지털 콘텐츠 공모전 개최
• 메타버스 기반 청년 교류 플랫폼 운영
• 웹툰·애니메이션 공동제작 기금 조성

• 디지털 시민교육 및 정보 문해력(Literacy) 공동 콘텐츠 개발

이러한 디지털 기반 협력은, 양국 청년들의 흥미를 유발함과 동시에, 사회 이슈에 대한 공동 인식형성 및 글로벌 가치확산에도 크게 이바지할 수 있다.

3. 문화예술 협력 – 정서적 거리 단축

문화는 가장 강력하면서도 부드러운 외교다. 감정의 상처가 깊은 한일 관계일지라도 예술과 문화는 공감의 언어로 서로를 잇는 다리가 될 수 있다. 이를 위한 중점 추진 과제를 정리한다.

• 한일 청년 아티스트 공동 전시·공연 기획
• 한일 문화올림픽 개최(양국 교차 개최 형식)
• 한일 전통문화(한복·기모노, 민속악기, 전통요리 등) 교류
• 위안부·강제징용 등 역사 기억 기반의 예술 치유 프로그램 공동 운영

이러한 문화협력은 단절된 기억을 이음으로써 해묵은 감정의 골을 메우는 심리 치유 효과를 가질 것이다.

4. 인재 교류 – 함께 성장할 수 있는 기반 마련

지속가능한 협력은 결국 사람 중심으로 이루어진다. 청년과 전문인력, 연구자, 예술가, 기술자들이 국경을 넘나들며 경험을 공유할 수 있는 시

스템이 미래 전략의 핵심이 되어야 한다. 이를 위한 교류 협력 방안을 소개한다.

- 한일 청년 장학 프로그램 공동 운영
- 교차 인턴십 제도화 및 기업 연계 채용 프로그램 신설
- 한일 공동 대학원 과정 및 복수 학위 확대
- 한일 청년 리더십 아카데미 설립(비전교육과 공동정책 기획)

이런 인재 교류는 한일관계의 구조적 안정성에 기여할 뿐만 아니라, 미래형 동반자 의식을 유발하고 이끌어내는 역할을 하게 될 것이다.

5. '창조적 공존'을 위한 3대 미래 전략 키워드

디지털, 문화, 인재는 정책의 보조 수단이 아니라 중심이다. 이는 21세기 협력 외교의 핵심 전선이다. 인재 교류를 통한 창조적 공존을 위한 3대 미래 전략 키워드는 이러하다.

- 공감형 플랫폼 - 예술과 기술로 감정이 교감토록 하는 협력 공간
- 참여형 리더십 - 청년과 시민 중심의 정책 설계와 실행
- 연결형 연합 - 국경을 넘어선 인재·지식·콘텐츠 네트워크

한일 양국이 이 영역에서 마음을 열고 손을 맞잡을 때, 진정한 공영의 문이 열릴 것이다.

제5장 한일연합 비전 - EU형 협력 구조 가능성

1. 한일연합 구상의 의의 - 함께 도약할 수 있는 통합의 상상력

2025년 한일 수교 60주년을 맞이한 우리는, 양국이 과거 극복이나 협력 강화 수준에 머무르기보다, 한일관계를 제도화된 미래 비전으로 재설계해야 한다는 점을 간과해서는 안 된다.

우리에게 필요한 것은 선언이 아니라 구조이며, 친선이 아니라 공유시스템이다. 한일연합은 정치·경제·사회문화적으로 공동의 규범과 플랫폼을 구축하는 파트너십의 완성이다. 이는 한일이 함께 도약할 수 있는 '동아시아 통합의 선진형 실험'이며, 동북아의 안정성을 증대시킬 중대한 길이 될 것이다.

2. 한일연합 실현을 위한 조건

과거사 정리, 정권에 휘둘리지 않는 정상외교 등 한일연합 실현을 위한 조건을 정리한다.

1) 공감 기반의 역사 정리
- 역사 공동위 정례화
- 과거사 인정의 정치적 합의서 채택
- 양국 교과서에 반영될 수 있는 '사실 중심 서술'의 공동 기준 제정
- 정치적 리더십의 지속성

2) 정권 변화에도 흔들리지 않는 정상외교의 제도화

- 외교부 내 '한일연합 실현기획단' 신설
- 공동비전 선언문의 지속적 갱신 및 시행
- 경제·기술·산업의 공동 플랫폼 설계

3) 한일 공동 청년세대 참여

- AI·반도체·녹색산업에서의 규범 공동 제안
- 아시아 공급망 안정화 협력 구조 강화
- 시민사회와 청년 세대의 구조적 참여
- 한일청년연합회 및 교차장학제도 확대
- 공동정책 제안 경연, 시민포럼 제도화
- 디지털 교류 플랫폼 통한 실시간 커뮤니케이션 채널 운영

4) 국제 무대에서의 공동 역할

- 유엔, G20, OECD 등에 공동 어젠다 제출
- 국제 평화유지·난민지원·기후행동에서 공동 선언 추진
- 한일 공동브랜드로서 '동아시아 협력 모델' 전 세계 확산

3. '비전선언'에서 '제도협정'으로

지금까지 한일관계는 정상회담과 비전선언으로 끝나는 경우가 많았다. 이제는 실질적인 양국 간 '협정 체결 수준의 제도 구축'으로 진전해야 한다. 요컨대 '비전선언'에서 '제도협정'으로의 진화다. 예를 들면 이러하다.

1) 한일연합 기초협정 - 10년 단위 공동 로드맵, 정책 우선순위, 평가시스템 명문화

2) 한일 기술·산업 공동협정 - 공동 투자, 지적재산권 공유, 표준화 규범 설정
3) 한일 문화·교육 공동협정 – 청년교류, 언어교육, 역사공동과정 등 지원

이러한 체계는 협력의 일관성과 책임성을 높이고, 한일관계의 진화를 국가 시스템의 일부로 정착시키는 데 기여할 것이다.

4. '동아시아의 프랑스-독일 모델'을 꿈꾸며

프랑스와 독일은 두 차례 세계대전을 겪고도, 유럽통합의 동반자가 되어 EU의 기둥이 되었다. 한일도 식민의 상처와 전쟁의 분열을 딛고, 협력과 연대의 상징으로 거듭날 수 있다.

- 세계사 관점에서 한일연합은 동아시아 평화의 기초
- 경제사 관점에서 한일공영은 아시아 기술 질서의 구심점
- 문화사 관점에서 한일협력은 과거 청산의 성공 모델

통합 동반자로서의 길은, 시작은 작지만 매우 구체적이다. 작은 협정, 정기 포럼, 청년 교류 하나하나가 거대한 협력 구조의 씨앗이 되어, 싹을 틔우고 열매 맺을 수 있다.

5. 100년을 내다보는 상상력과 용기

한일 수교 60주년은 다음 100년을 구상하고, 그 구상에 첫 벽돌을 올리

는 실천의 해가 되어야 한다. 한일연합은 강력한 의지로 구조와 정신의 토대 위에 벽돌을 함께 쌓아 올려야 한다.

감정보다 신뢰, 과거보다 미래, 갈등보다 화해, 각자보다 연대로 나아간다면, 한일은 아시아를 대표하는 평화·협력·번영의 커다란 축이 될 것이다. 한일협력의 웅대한 비전이 될 것이다.

제6부

한·미·일 공조와 비전

제1장 한·미·일 삼각협력의 역사적 전개

1. 냉전의 유산에서 시작된 삼각 축

한·미·일 삼각 협력의 출발점은 냉전 질서의 안보 전략에서 형성되었다. 제2차 세계대전 이후 미국은 동북아시아에서 공산주의 확산을 저지하기 위해 한미동맹(1953)과 미일안보조약(1960)을 양축으로 삼고, 이 두 동맹을 연결하는 비공식 삼각 협력 구조를 가동해 왔다. 이 구조는 다음과 같은 역사적 사건을 중심으로 구체화하였다.

- 1950년 6.25전쟁 - 일본은 미군기지 제공
- 1965년 한일 국교 정상화 - 미국의 외교 중재 결과
- 1970~80년대 북한 도발 및 소련 해군의 태평양 진출 견제
- 1990년대 북핵 위기 - 3자 협의의 중요성 대두

이처럼 한·미·일 협력은 양자 동맹을 넘은 다자 안보로 점차 진화해 왔다.

2. 21세기형 삼각 안보의 구조화

2000년대 이후 북한의 핵·미사일 위협이 고도화되고, 중국의 군사 팽창과 해양 진출이 가속화하면서 한·미·일 협력은 더욱 구조화한 안보 체계로 변화하기 시작했다. 특징적인 사건과 흐름은 다음과 같다.

• 2016년 한일 간 군사정보보호협정(GSOMIA) 체결
• 2017년부터 3국 간 탄도미사일 경보 및 요격 훈련 실시
• 미국 중심의 미사일방어(MD) 체계 연계 논의
• 해양 훈련, 사이버 방위, 북한 대응 시나리오 공유
• 2023년 캠프 데이비드 한·미·일 정상회의에서의 협력 제도화 선언

이로부터 한·미·일 협력은 상황 대응형 협의를 넘어서, 가치 기반의 전략적 공조 체계로 성격이 바뀌었다.

3. 안보를 넘은 다자 전략의 확장

한·미·일 협력은 안보를 중심으로 출발했지만, 최근에는 경제 안보, 기술 표준, 공급망, 기후 위기 대응, 인도-태평양 전략까지를 포괄하는 다층적 전략동맹 양상을 띠고 있다, 주요 확장 영역을 보면 이러하다.

• 반도체 및 배터리 공급망 안정화 협의체 구성
• AI, 사이버보안, 정보공유 시스템 연동 실험
• 우크라이나 사태 이후 자유민주주의 가치 동맹 강조
• '자유롭고 개방된 인도—태평양(FOIP)' 구상 내 공동비전 제시

이러한 흐름은 군사·외교·경제·문화를 통합하는 전략으로 한·미·일 삼각공조를 진화시키고 있다.

4. 한일 갈등 속 협력의 내성과 외교적 시험

역설적으로, 한·미·일 협력은 한일 갈등 속에서도 지속되었다. 특히 2019년 강제징용 판결과 수출규제 사태 당시에도 미국은 중재자이자 조율자 역할을 수행하며 삼각 축을 유지했다. 다음 내용은 이를 유지한 철학을 잘 보여주고 있다.

- 한일 간 정치 갈등이 있어도, 전략적 필요에 따라 협력은 유지된다.
- 미국은 동북아 안정 구도를 위해 한일 화해를 중재하는 이해당사자다.
- 삼각 협력의 안정성은 한·미·일의 외교 리더십과 전략 인식에 달려 있다.

5. 삼각공조의 새로운 과제

한·미·일 삼각공조는 새로운 단계에 접어들었다. 앞으로 삼각공조는 군사 협력은 물론이요 가치, 규범, 미래 공유에서 함께 이뤄져야 한다. 이를 위한 과제를 적시하면 이러하다.

- 정례적 정상회담과 공동선언의 제도화
- 청년·시민사회 교류 중심의 공공외교 삼각 플랫폼 구축
- 인도-태평양 전략 내 공동선도 역할 확대
- 북핵 문제에 대한 군사·외교·인권 복합 대응 시나리오 조정
- 기술 표준·윤리 규범의 공동 설계(디지털 질서 수립)

이제 한·미·일 공조는 전략동맹을 뛰어넘는 자유·인권·번영이라는 21세기 글로벌가치의 실현이다.

제2장 냉전기 안보 공조와 북한 대응 전략

1. 냉전기 동북아의 지정학 – 미국 중심의 방어선 구축

제2차 세계대전 이후 세계는 자본주의 진영과 공산주의 진영으로 양분되었고, 동북아시아는 냉전의 최전선이 되었다. 미국은 소련과 중국을 견제하고, 북한의 남침 가능성에 대비하기 위해 한미동맹과 미일안보조약을 양축으로 한 삼각 안보라인을 형성했다. 이러한 구도는 다음을 전제로 구축되었다.

- 한국은 지상전 최전선, 일본은 미군 병참기지 및 해상 방어기지
- 한미·미일 양자 동맹 기반의 비공식 삼각 협력
- 정보공유, 통신체계 연동, 재래식 전력 보완 역할 분담

이 구조는 1950년 한국전쟁을 계기로 가속화되었고, 이후 북한·중국·소련에 대응하는 집단안보의 기초 틀로 작동하였다.

2. 한반도 위기 때마다 강화된 협력 메커니즘

냉전 시기 북한의 군사 도발은 한·미·일 협력의 필요성을 끊임없이 자극했다.

- 1968년 김신조 무장 공비 청와대 습격 사건

- 1969년 EC-121 미군 정찰기 격추 사건
- 1983년 미얀마 아웅산 테러 사건
- 1987년 대한항공 858편 폭파 사건

이러한 사건들로 미국은 한국과 일본의 동시 안보 체계 필요성을 절감했고, 이에 따라 일본을 한국 방어의 후방 기지이자 정보·보급·전략자산 배치 거점으로 선정하였다. 이 시기 일본은 헌법 제9조에 따라 집단자위권 행사에는 소극적이었지만, 미일안보조약에 근거해 한국 유사시 미군의 일본 내 기지 활용에는 적극적이었다.

3. 북핵 등장 이전의 공조 – 재래식 전력 중심 대응

1990년대 초반까지 한·미·일 공조는 북한의 재래식 군사 대응에 집중되어 있었다.

- 한미연합군사훈련 강화(팀스피리트, UFG 등)
- 미일 공동 대응 시뮬레이션 강화
- 해상 초계 및 정보정찰 공동작전 공유

당시 일본은 해상자위대와 정찰체계를 통해 북한의 해상 이동과 후방 지원망을 감시했고, 한국은 지상에서의 전면전 대비 태세를 유지하였으며, 미국은 양국 전력의 전략적 연결고리로서 조정자 역할을 수행했다. 이 시기 공조는 비공식적이고 기능별 분화가 많았지만, 실질적 전시 대비 체제의 모태 역할을 했다는 점에서 중요하다.

4. 북핵 위기의 등장과 삼각 협력의 전환

1993년, 북한의 NPT 탈퇴 선언은 한·미·일 삼각공조의 성격을 재래식 전쟁 억제에서 비핵화 외교·정보 공조 중심으로 변화시켰다. 1994년 제네바 합의, 2000년 남북정상회담, 2002년 북핵 의혹 재점화 등 북핵 문제는 외교·경제·인권이 걸린 국제적인 복합 이슈였다. 이에 한·미·일은 다음과 같은 방식으로 협력을 강화했다.

- 6자 회담 참여 및 사전 조율
- 북핵 관련 정보공유 채널 정례화
- 미사일 탐지 및 경보 훈련 실시
- PSI(확산방지구상) 참여 협력
- 북한 인권 문제 공동 대응

이 시기부터 한·미·일 공조는 정치·외교·군사 3축의 결합체계로 진화하기 시작했다.

5. 결론 – 냉전기 경험이 주는 시사점

냉전기 한·미·일 협력의 경험은 다음과 같은 교훈을 제공한다.

1) 위협에 대한 공동 인식 없이 협력은 어렵다 - 북한 도발이 있을 때는 협력이 강화되고, 그렇지 않으면 느슨해졌다.
2) 양자 관계만으로는 위기 대응에 한계가 있다 - 미국이 매개하지 않으

면 한일협력은 작동하기 어려웠다.

3) 협력은 제도화되어야 지속될 수 있다 - 비공식·비정례 협력은 정권교체와 같은 국내 정치에 휘둘리기 쉽다.

북핵 위협이 더 정교하고 강력해진 지금, 냉전기의 공조 경험은 새로운 전략 설계의 실험 무대가 될 수 있다.

제3장 한미동맹과 미일동맹의 상호보완 구조

1. 두 동맹, 하나의 전략 구도

한미동맹은 1953년에, 미일동맹은 1960년에 각각 체결되었으며, 한미·미일 동맹은 동북아에서 미국의 전략을 실현하는 양대 축으로 작동해왔다. 두 동맹은 법적으로나 정치적으로는 별개이지만, 실질적으로는 미국이 중심이 된 '삼각 안보 체제'의 양 날개로서 기능했다.

한미동맹은 지상전 중심의 전면전 억지력, 미일동맹은 해상 및 공중 기지·정보 지원의 전략 거점으로 상호보완 구도를 갖는다.

2. 작전 구조의 차별성과 연계

한미동맹은 연합사령부(CFC)를 중심으로 실전연계와 공동작전 체계가 일상화되어 있으며, 미일동맹은 미국 단독 지휘 아래 작전기지 제공 모델로 일본 자위대와의 협조를 전제로 한 비대칭 구조이다. 이 둘은 다음과 같이 상호보완적이다.

- 한미동맹은 북한과의 전면 충돌에 대비한 즉각 대응 능력 확보
- 미일동맹은 태평양에서의 전략 후방 기지 및 전력 전개 능력 제공

미국은 특히 유사시 한반도 작전에서, 미군의 병참·공중지원·항모타격단이 일본 기지를 통해 전개될 수 있도록 작전 연계를 제도화해 두었다.

3. 정보·기술·방산 협력의 삼각 연결

한미동맹은 군사기술과 훈련에서 최고 수준의 상호 운용성을 자랑하고, 미일동맹은 정보수집과 조기경보 시스템에서 기술 연계의 우위를 가졌다. 이 두 동맹은 2010년대 이후부터 다음과 같은 방식으로 정보공유를 강화해 왔다.

- 북한 미사일 발사 시 실시간 레이더 및 위성 정보 공유
- 탄도미사일 탐지·추적 훈련(Pacific Dragon 등)
- 공동 개발된 방공·탄도미사일 요격 시스템 일부 기술 교차 적용
- 군사정보보호협정(GSOMIA)을 통해 한일 간 직접 연결 보완

4. 외교·경제 분야에서의 협력 중첩

양 동맹은 안보뿐 아니라, 경제 안보·공급망·기술 표준·국제질서 유지 등의 외교 영역에서도 서로를 보완하며 확대되었다.

- 인도-태평양 전략 - 한·미·일이 자유롭고 개방된 인-태 비전에서 공통 역할 수행
- IPEF(인도·태평양 경제 프레임 워크) - 반도체·에너지·디지털 무역 등 공동 어젠다 참여
- 중국 견제 공조 - 대중국 공급망 다변화 및 전략물자 관리 협력 강화
- 경제안보 대화 채널 - 미국 중심으로 양국 간 반도체, 희귀광물, 배터리 협력 맵핑(mapping)

한미동맹과 미일동맹은 전통안보와 경제안보가 통합된 복합동맹 체제로 진화 중이다.

5. 삼각공조의 전략적 과제

앞으로 양 동맹의 상호보완을 통해 한·미·일 삼각공조 효과를 극대화하기 위해서는 정책 일관성 확보라는 다음과 같은 구체적인 과제를 풀어내야 한다.

- 정권교체와 여론변화에도 흔들리지 않는 연속성 있는 신뢰 구축
- 작전 통합 시나리오 현실화
- 유사시 미군의 일본 기지 활용과 한국의 작전 전개 간 시간·범위·조건 조율
- 정보공유 시스템의 실시간 연동 강화
- 위기 시 레이더·위성·통신망의 자동 연계
- 한국과 일본 간 직접 협력의 제도화
- 미 의존형 협력을 넘어서 한일 간 공동운영체제 확대
- 중국과의 균형 외교 유지
- 안보협력 강화와 지역안정, 경제협력의 균형 확보

6. 결론 – '동맹의 삼각지대'를 넘어 '협력의 삼각기둥'으로

한미동맹과 미일동맹은 20세기 냉전의 산물로 한국 방어와 안보 역할을 충실히 수행했지만, 21세기에는 지역 평화, 글로벌 질서, 기술 표준을

주도하는 전략 파트너로서의 역할에 집중해야 한다.

- 한미동맹은 전술적 신속성의 상징
- 미일동맹은 전략적 지속성의 기반

한미·미일 동맹이 적절히 상호 보완될 때 한·미·일의 삼각기둥은 세계 안보의 중심축이 될 것이다.

제4장 한·미·일 정상회의와 캠프 데이비드 공동성명

1. 전환의 순간, 역사적 만남

2023년 8월 18일, 미국 메릴랜드주 캠프 데이비드에서 윤석열 대통령, 조 바이든 대통령, 기시다 후미오 총리가 참석한 한·미·일 3국 정상회의가 개최되었다. 이 회담은 3국 정상 만남에서 3국이 처음으로 '정례화된 전략 파트너십'의 기틀을 명시적으로 선언했다는데 큰 의미가 있다.

냉전 이후 한·미·일 협력이 대부분 사건 중심의 일회성 회의에 그쳤다면, 캠프 데이비드 회담은 제도화된 삼각 외교 체제의 출발점이었기 때문이다.

2. 주요 성과 – 공동성명의 핵심 골자

이 회담에서 채택된 공동성명과 공동비전은 다음과 같은 핵심 요소를 담고 있다.

1) 정례 정상회의 제도화
   → 매년 1회 이상 3국 정례 정상회의 개최 합의
2) 군사·정보 협력의 실질적 통합
   → 미사일 경보 및 정보의 실시간 공유 체계 구축
   → 3국 합동 군사훈련 정례화(해양, 미사일 방어 등 포함)
3) 경제 안보 및 공급망 공조 강화
   → 반도체, 배터리, 희귀광물 등 전략물자 공급망 협력 플랫폼 구축

→ 디지털 인프라, 사이버보안 등 첨단기술 협력 확대

4) 북한 대응 전략 명문화

→ 북한 핵·미사일 위협에 대한 단호한 대응 및 확장억제 강화

→ 북한 인권 문제에 대한 공동 입장 표명

5) 자유롭고 개방된 인도-태평양 비전 공유

→ 국제질서 준수, 항행의 자유, 국제법 존중 등 가치 기반 언급

이런 내용의 성명은 한·미·일 공조를 '동맹'을 넘어선 '전략공동체(Community)'로 재정의하는 시금석이 되었다.

3. 협력의 프레임 전환 – '사건 대응형'에서 '규범 기반형'으로

캠프 데이비드는 한·미·일 협력의 본질을 '사건 대응형'에서 '규범 기반형'으로 전환시켰다. 이는 다음과 같은 점에서 큰 의미를 지닌다.

1) 과거 3국 협력이 특정 위기(북핵, 미사일 발사 등) 중심이었다면, 앞으로 협력은 정기 회의와 상설 협의체를 통한 상시 협력 체계로 전환됨
2) '자유·민주주의·법치'라는 보편가치를 명문화함으로써, 3국 관계가 '이해의 연합'을 넘어 '이념 공동체로'의 연합으로 발전함

4. 국내 반응과 과제

이를 두고 각국에서는 다양한 평가를 냈다. 한국과 일본에서는 '정상외

교의 성과'라는 긍정 평가와 함께, '미국 중심 구도에 종속'이라는 비판이 있었다. 미국에서는 "동북아 2대 동맹국 간 갈등 완화 및 협력 구조 정착이라는 전략적 성과를 거두었다"는 평가를 받았다. 그러나 다음과 같은 과제도 남겼다.

- 정상 간 신뢰는 지속가능한가?
- 국내 정권교체 시에도 협력이 유지될 수 있는가?
- 북한, 중국, 러시아 등 외부 변수에 따른 균형 유지 가능성은 있는가?
- 캠프 데이비드는 '출발선'이지 '완성형 협력 모델'은 아니잖은가?

5. 미래로 가는 길 – 제도화, 시민외교, 전략적 탄력성

캠프 데이비드 공동성명을 넘어, 다음 전략이 후속 병행되어야 한다. 한마디로 제도적 강화다.

- 국방·외교·경제 공동 위원회 상설화
- 3국 공동 위기관리센터 설립
- 시민사회 및 청년 교류 확대
- 한·미·일 청년 캠프, 청년정책 포럼, 대학 간 공동 캠퍼스 운영
- 전략적 유연성 확보
- 대중국 관계 악화를 피하면서 가치 외교 유지
- 북핵 대응 시 군사·외교·인권 복합전략 운용

캠프 데이비드는 한·미·일이 하나의 전략구조로 작동할 수 있음을 보여

준 국제사회 선언이다. 이 선언이 실질적 동맹, 공동 운명체, 평화 협력의 틀로 이어지기 위해서는 이후의 실천과 연속성이 관건이다.

제5장 3국 정상회담의 주요 성과

1. 단순한 외교 만남을 넘어선 실질 협력 선언

2023년 캠프 데이비드 회담을 중심으로, 한·미·일 3국 정상회담은 외교 수사(修辭) 이상의 구조적 전환점을 마련했다. 이는 위기 상황 대응에 한정되던 3자 협력이, 정례화·제도화·가치공유의 틀로 바뀌었다는 의미다.

한·미·일 3국 정상회담의 성과는 안보·경제·규범의 세 축에서 나타났으며, 이는 동북아는 물론 인도-태평양 전체 질서 재편이라는 전략적 의미를 갖는다.

2. 안보 성과 – 연합훈련과 경보체계의 통합

1) 실시간 미사일 정보 공유 시스템 구축 합의
   → 북한 미사일 발사 시 한·미·일이 3~5분 사이에 동시 인지·대응 가능 체계 확보
2) 3국 연합 해상 훈련 정례화
   → 탐지·추적·요격의 일관 작전 체계로 전환
   → 사이버 방어, 해양 안보, 대잠수함 작전 등 훈련 분야 확대
3) 확장 억제 실행력 강화
   → 미국의 핵우산 제공 및 전략자산 전개
   → 이를 3국 간 실시간 협의로 운용가능한 틀로 확대

이러한 성과는 '위협 공유 → 즉각 대응 → 공동 억제'라는 삼각 안보 연합 모델 실현을 의미한다.

3. 경제성과 - 공급망과 기술 협력의 전략적 연계

1) 3국 공급망 협의체 신설
   → 반도체, 배터리, 희토류 등 전략물자 공급 위기 시 공동 대응 체계 구축
2) AI·디지털 협력 로드맵 채택
   → 사이버보안, 양자컴퓨터, 데이터보호 등 기술 동맹의 기틀 마련
3) 경제 안보 고위급 회의 정례화
   → 경제 충격 완화 및 중국 중심 공급망에 대한 대안 구상 본격화

이를 통해 한·미·일은 '기술 표준과 디지털 거버넌스를 주도하는 경제 규범 공동체'로 진입할 수 있는 기반을 확보하였다.

4. 규범과 가치 중심 외교의 부상

1) 자유·민주주의·법치에 대한 공동 선언
   → 국제법 질서 유지와 규칙 기반 세계질서 수호 의지를 명확히 표명
2) 인도-태평양(FOIP) 전략 연계
   → 한·미·일 3국 구상이 '자유롭고열린인도-태평양(FOIP)'과의 협력형 전략으로 수렴
3) 북한 인권 문제에 대한 공동 대응 약속

→ 군사 대응뿐 아니라, 보편가치 측면에서 북한 정권의 책임 강조

이러한 흐름은 한·미·일 협력을 '지역안보협력체'를 넘어 '글로벌가치연합'으로 승화시켰다.

5. 전략적 지속성의 제도화

정상회담의 가장 큰 성과는 단기 합의가 아닌 구조 지속성을 확보한 데 있다. ▲연례 정상회의 개최 공식화 ▲상설 안보 협의체 운영 결정 △3국 전략문서의 공동 초안 협의 절차 마련 ▲청년, 지방정부, 학계의 삼각 네트워크 구축 기반 조성 등이 그것으로, 이는 향후 정권 변화나 국제 정세 변화에도 한·미·일 협력의 지속성과 전략적 유연성이 확보되었다는 데 큰 의미가 있다.

6. 결론 - 동맹의 재구성, 평화 질서의 새 틀

3국 정상회담은, 한·미·일 협력이 군사동맹을 넘어선 글로벌연대의 실험장이자, 21세기형 '가치 기반 전략공동체'로 발전하도록 동맹의 의미를 확장했다. 다음 내용이 그것이다.

- 공동 위협에 대응하는 안보 연합
- 경제 충격에 대처하는 기술 동맹
- 국제질서를 수호하는 규범 연합
- 삼각 구조의 입체화

제6장 '가치 동맹'으로의 진화 – 자유·민주주의·법치

1. '협력'을 넘어 '가치 연대' 시대로

한·미·일 3국의 공조는 더 이상 지정학적 필요성에만 기반하지 않는다. 이제는 자유, 민주주의, 법치주의라는 보편가치를 공유하는 국가간 전략 연대로 진화하고 있다. 이러한 '가치 동맹'은 단기적 위기 대응을 넘어, 국제질서 형성과 세계 평화에 기여하는 구조적 역할을 요구받고 있다. 2023년 캠프 데이비드 공동성명은 이를 공식화한 최초 선언이었다.

2. 자유 - 억압과 독재에 대한 공동 대응

자유는 표현의 자유, 이동의 자유, 시장의 자유, 사상의 자유를 포함하는 인간 존엄의 기반이다. 한·미·일은 다음과 같은 분야에서 자유를 수호하는 파트너십을 강화하고 있다.

- 북한 주민의 표현·정보 접근권 보호를 위한 국제 캠페인
- 러시아·중국의 디지털 통제와 감시 국가화에 대한 경계
- 인도-태평양 내 민주주의 역행 국가에 대한 공동 경고와 제재 논의

이는 정책과 행동을 통해 자유의 가치를 구체화하는 실천 동맹이 되고 있다.

3. 민주주의 연대 - 제도와 시민이 함께 지키는 원칙

민주주의는 절차 정당성과 실질 대표성을 포함한다. 3국 모두 자유 선거, 사법 독립, 언론 자유를 핵심 기둥으로 삼고 있으며, 이를 유지하기 위한 시민사회와 제도권의 균형을 중시한다. 민주주의 연대의 주요 협력은 이러하다.

- 한·미·일 민주주의 정상회의 정례화 논의
- 시민단체·지방정부 간의 삼각 연대(도시 외교, 인권 캠페인 등)
- 청년 세대를 대상으로 한 민주주의 교육 및 캠퍼스 연합 포럼

한·미·일이 함께하는 민주주의 연대는 절차의 공정성뿐 아니라, 민주주의의 문화적 정착을 위한 협력까지 포함한다.

4. 법치 - 규범과 질서의 국제 수호자

법치는 국내에서의 법 집행은 물론 국제사회에서의 규범 유지와 규칙 기반 질서 수호의 기준이기도 하다. 다음과 같은 분야에서 규범과 질서의 협력이 강조되고 있다.

- 국제해양법 준수로 남중국해, 대만해협 항행의 자유 수호
- 유엔 안보리 제재 결의 이행 및 대북 밀수 감시
- 사이버 공간에서의 국제규범 확립을 위한 공동성명 발표

이는 한·미·일이 국제법 질서의 수혜국을 넘어서, 책임지는 수호자 역할로 진화하고 있다는 증거이다.

5. '가치 기반 외교'의 장점과 과제

1) 장점
- 정권 변화에도 지속가능한 협력 가능성 확보
- 신뢰 기반이 이해관계보다 깊고 단단함
- 국제사회 내 도덕적 정당성과 지도력 확보

2) 과제
- 비(非)가치 국가와의 관계 조율
- 내부 민주주의의 일관성 유지 필요(선거 개입, 언론 탄압 등 경계)
- 가치 수호를 명분으로 한 과잉 개입 논란 방지

결국 가치 외교는 자기반성과 균형 잡힌 시각을 전제로 할 때 설득력을 가진다.

6. 결론 – '규범의 동맹'에서 '문명의 동반자'로

한·미·일이 공유하는 자유·민주주의·법치는 서구식 체제 추종이 아니다. 이는 인간 중심의 문명 가치를 지향하는 글로벌 리더십의 근간이다.

이제 3국은 전략적 파트너를 넘어, 문명적 사명을 공유하는 가치 공동체로 나아갈 때다. 21세기 국제질서의 새로운 윤리와 모델을 제시하는 이 길은 외롭지만 고귀한 희망이다.

제7장 연례 정상회의·공동 군사훈련 체계화

1. 정례화는 신뢰를 제도화하는 첫걸음

2023년 캠프 데이비드 정상회의 이후, 한·미·일 3국은 정례적 협의 구조의 출범을 공식화했다. 이는 연례 회담을 개최하는 형식 외에도 전략, 정보, 군사, 경제 분야의 지속 가능한 거버넌스를 설계하는 한층 진일보한 접근이었다. 정상회의의 정례화는 다음과 같은 전략적 의미를 갖는다.

- 위기 대응의 상시화
- 공동비전의 연속성 확보
- 정권교체나 정치변동에도 흔들리지 않는 구조적 협력 유지

이제 정상회담은 '외교 이벤트'가 아니라 '가치 동맹의 최고 의사결정 플랫폼'으로 재정의되고 있다.

2. 연례 정상회의의 구조와 전망

1) 회의 구성
  - 3국 정상 + 외교·국방·경제 안보 수석 보좌진
  - 공동 기자회견, 공동성명 채택, 실행점검 로드맵 공유

2) 회의 의제
  - 북핵 및 동북아 안보 상황 평가

• 인도-태평양 전략 공동 대응
• 글로벌 공급망 안정 및 경제 안보 협력
• 민주주의·인권·기후 위기 등 국제규범 연대 강화

3) 중장기 목표

• 3국 공동 안보 전략 문서화('삼각전략청'에서 주도)
• 공동 위기관리 시스템 설립
• UN 등 국제무대에서의 연합 발언 체계 구축

이러한 정례 구조는 3국이 하나의 '전략공동체'로 작동할 수 있는 조건을 마련한 것이다.

3. 공동 군사훈련 – 연합에서 통합으로

공동 군사훈련은 한·미·일 삼각 안보협력의 현장 실행력과 상호 신뢰도를 검증하는 핵심 수단이다. 최근 성과를 정리하면 이러하다.

• 탄도미사일 탐지 및 추적 훈련(Pacific Dragon)
• 해상 연합훈련(PODEX 등)
• 대잠수함 작전, 구조·인도주의 훈련 확대

이제 훈련의 목표는 위협 대응 수준을 넘어서 '공통 작전개념'과 '상호 운용성'을 확보하는 수준으로 진화하고 있다.

4. 훈련 체계화의 과제와 방향

1) 정례 훈련 스케줄 확보
  - 연 1회 이상 3국 합동훈련 - 군별(해·공·사이버)로 확대 가능성
  - 기존 한미·미일 양자 동맹 훈련과 연계된 3국 통합 훈련 설계

2) 법적·정치적 기반 보완
  - 일본의 평화헌법 해석 범위 내 작전 협조의 명문화
  - 한국 내 자주권과 미군 연계 관련 대국민 설명 필요

3) 정보 연계와 실시간 작전통제 시범 운용
  - 한일 간 정보 자동 공유(GSOMIA 실시간화)
  - 미사일 경보, 공중조기경보 체계 실무 연동

5. 지역 안보와 국제 훈련으로의 확장

공동 군사훈련 체계는 장기적으로 다음과 같은 외연 확장을 고려할 수 있다.

- ASEAN·호주·캐나다 등과의 연합 훈련 구성
- 가칭, 인도-태평양 연합방어훈련' 정례화
- 유엔평화유지활동(PKO) 연계 훈련 시범 실시

이는 한·미·일 3국이 '동아시아 방어축'을 넘어 '글로벌 안보협력 플랫폼'으로 확장되는 의미가 있다.

6. 결론 – 훈련은 협력의 가장 구체적인 언어

훈련은 선언보다 솔직하며, 정상회담보다 실전적이다. 한·미·일의 연례 정상회의와 공동 군사훈련 체계는 이념과 전략, 기술과 사람을 연결하는 통합 협력의 상징이다.

이제 이 체계를 기반으로 '동맹을 넘은 연합', '연합을 넘은 공동체'로 나아가야 한다. 한·미·일은 21세기 평화 질서의 앵커(Anchor) 역할을 확실히 해낼 수 있을 것이다.

제8장 한·미·일 안보 협력의 현실과 과제

1. 협력의 틀은 갖춰졌지만, 현실은 복합적

캠프 데이비드 정상회의 이후 한·미·일 협력은 명실상부하게 전략적 틀을 갖춘 안보협력 체제로 진입했다. 공동 훈련, 정보 공유, 미사일 경보 시스템 등 다양한 분야에서 협력은 심화하고 있다.

문제는, 그렇더라도 여전히 제한과 과제가 존재한다는 점이다. 이는 3국 협력이 단일 동맹이 아닌, 서로 다른 이해관계를 조정하는 구조이기 때문이다. 물론 점차적으로 극복해야 할 과제다.

2. 정치·법적 제약 요인

한·미·일 안보협력은 한국 미국 일본이 공히 정치적, 법적 제약 요인이 존재한다. 나라 별로 살펴보면 이러하다.

1) 일본 – 평화헌법 제9조의 틀
- 집단자위권 행사 범위가 제한적
- 한국 유사시 군사개입의 정치적·법적 논란 가능성
- 자국 내 보수·우익의 반한 정서가 여론 변수로 작용

2) 한국 – 주권과 자주권 민감성
- 미일 주도 협력체제에 대한 피동적 인식 존재
- 주한미군 운용·정보공유의 범위에 대한 여론

- 일본과의 과거사 문제에 따른 국민감정 변수 상존

3) 미국 – 글로벌 전선 분산과 정치 리스크
   - 중동, 우크라이나, 인도태평양 등 다중 전선 부담
   - 미국 내 고립주의 부상(해외 주둔군 재조정 가능성)
   - 정권교체 시 동맹 정책의 일관성 유지 어려움

3. 기술·운용 측면의 과제

1) 정보 공유 시스템의 실시간 연계 미비
   → GSOMIA 기반이지만 실무 수준에서 자동 연동 미흡
2) '합동작전'의 개념 정립 부족
   → 한미·미일 작전은 별개, 삼국 통합 작전 계획 부재
3) 공동 대비 시나리오 훈련의 제한성
   → 특정 국가 자위권 범위 문제로 훈련 시범 운용 단계
4) 사이버·우주·AI 기반의 신안보 연합 대응 미흡
   → 신기술 위협에 대한 삼각공조 전략 정립 부재

4. 외부 변수 – 북중러 삼각 축의 견제

한·미·일 안보협력에는 북중러의 견제가 변수로 작용한다. 물론 극복해야 할 과제다. 북한, 중국, 러시아의 변수를 간추리면 이렇다.

1) 북한
   - 핵과 미사일 기술 고도화, 도발 주기 단축

• 한·미·일 협력 강화를 명분으로 도발 수위 상승 가능성
• 중국과의 전략적 연대 지속성

2) 중국
• 대만해협 긴장 고조, 남중국해 패권 주장
• 한·미·일 공조 두고 '아시아판 나토' 경계
• 경제보복 가능성과 지역 국가와의 분열 전략

3) 러시아
• 우크라이나 전쟁 장기화로 서방 견제 강화
• 북한과 군사협력 강화로 동북아 긴장 요소 추가
• 한·미·일 협력 대상에서 '핵심 견제 세력'으로 등장

5. 문제점 해소 및 극복 전략

한·미·일 안보협력의 문제점을 해소하고 극복하려면 단계별 전략적 통합 로드맵 수립이 필수다.

1) 3국 공동 안보 문서(전략청) 발표
• 연합작전 개념 수립 및 역할분담 체계화
• 민간·지방정부 중심의 안보 공공외교 활성화
• 청년 안보 토론회, 도시 외교, 한일·미일 시민 안보 포럼
• 정권 변화 대응 매뉴얼 개발
• 동맹 정책의 정당 간 공통 합의 촉진
• 의회 중심의 초당적 안보 정책 기반 마련

2) 중국 견제와 협력의 균형 조절

- 비공식 채널 활용, 경제 협력의 공간 유지
- '포위'가 아닌 '협력+방어'로 메시지 재조율

6. 결론 - 균형 위 협력, 전략적 내성 구축

한·미·일 안보협력은 이미 틀은 갖췄으나 내성이 아직 충분하지 않다. 이제 필요한 것은 상호 신뢰를 축적하고, 복합위기에 흔들리지 않을 전략적 내성을 길러내는 일이다.

법과 제도, 사람과 시스템이 유기적으로 연동될 때 동맹은 틀을 이뤄 조직적으로 작동한다. 한·미·일이 그 구조를 공고히 할 수 있다면, 이 협력은 단지 지역 안보 차원을 넘어 글로벌 질서와 안정의 핵심축으로 확장될 수 있을 것이다.

제9장 북한 핵·미사일 대응 공조

1. 한·미·일 협력의 핵심 시험대, 북핵 위협

북한의 핵과 미사일 위협은 한·미·일 3국 모두에게 매우 절박한 안보 과제다. 북한은 2006년 1차 핵실험을 시작으로 전술핵-전략핵-ICBM까지의 3단계 무장 능력을 완성했다는 평가를 받고 있다.

또한 최근 수년간 쏘아 올린 미사일 발사 빈도와 사거리를 분석해 보면, 북한의 타격 범위는 한반도를 비롯해 일본과 미국 전역이 해당한다.

2. 북한의 핵·미사일 고도화 전략

1) 기술적 고도화
- 극초음속 미사일, 고체연료 ICBM, SLBM(잠수함발사탄도미사일) 실험
- 전술핵 탑재 가능 단거리 미사일(북한형 '이스칸데르') 실전배치 단계

2) 전략적 메시지화
- 미국 본토 직접 위협 - 미국 억제 정책 흔들기
- 한국·일본에 대한 위협 강화 - 자위권 논리 확산

3) 정치적 계산
- 북·중·러 전략 연대 강화
- 내부 결속용 대외 도발 병행

이런 북한의 도발은 군사위협이기도 하지만, 동북아 전체의 안보구조

를 흔들기 위한 전략이기도 하다.

3. 한·미·일 대응 공조의 3대 축

북한의 도발에 대응하기 위한 공조 방안을 정리한다.

1) 정보공유 체계 강화
   - 미사일 경보에 관한 정보의 실시간 3국 연계
   - 북한 이동식 발사대, 위성·정찰 영상 협력
   - AI 기반 조기 탐지 시스템 공동 개발 검토
2) 미사일 방어 및 억지력 강화
   - 요격체계(KAMD, SM-3 등) 상호운용성 개선
   - 미국 전략자산(핵잠수함, 전략폭격기 등) 훈련 정례화
   - 확장억제 전략 대화(EDSCG) 연례화 및 실행력 강화
3) 정치·외교적인 공동 대응 메시지
   - 유엔 제재 결의 이행 공동 선언
   - 북한 도발 직후 3국 공동성명 등 즉각 대응

이러한 공조는 북한의 전략에 실제 부담을 주는 '압박-경고-실행'의 3단계 억지 프레임을 구성한다.

4. 공조의 난관과 개선 과제

한·미·일 공조에는 여러 난관과 개선 과제가 혼재한다. 분야별로 정리

하면 이렇다.

1) 한국-일본 간 작전 연계 부족
   → GSOMIA 기반의 정보 교환은 있으나, 실시간 작전 통합은 미비
2) 대북 메시지의 일관성 부족
   → '비핵화 목표'의 정의와 접근방식에 미묘한 온도차 존재
3) 국내 정치와 여론의 변수
   → 대북 인도 지원과 북미협상을 둘러싼 시각 차이로 인한 분열 가능성
4) 중국·러시아의 비협조
   → 유엔 제재 이행 거부, 북·중·러 군사 협력 확대

5. 미래형 북핵 대응 전략

한·미·일 공조의 난관 극복 방안을 적시한다.

1) 다층 방어 체계 통합화
   → 지상(패트리엇)–중고고도(THAAD)–해상(SM-3)의 공동 운용 체계 검토
2) 우주·사이버 기반 감시망 구축
   → 공동 정찰위성 발사, 전자신호 공유 플랫폼 개발
3) 대북 심리전 및 정보 유입 공동작전
   → 라디오, 인터넷, 풍선 등으로 북한 주민 대상 정보공유 강화
4) 청년 안보 교육 및 시뮬레이션 기반 협력 강화

→ 대학 간 북핵 모의 외교 프로그램, 민관 합동 워게임 운영

6. 결론 – 북핵 대응은 한·미·일 신뢰의 바로미터(barometer)

북한의 핵과 미사일은 3국 협력의 실효성과 지속성을 측정하는 리트머스 시험지다. 한·미·일이 북핵 문제에서 전략과 실행을 일치시키는 공조체계를 구축한다면, 이 협력은 동북아 평화의 핵심 안전판이 될 것이다.

그리고 그 기반 위에 서야 비로소 통일된 한반도와 평화로운 동아시아라는 궁극의 비전이 현실로 다가올 수 있다.

제10장 정보공유 및 미사일 경보체계 통합

1. 21세기 안보의 핵심 자산 - 상황판단과 공동대응 능력

안보는 더 이상 병력 수 또는 무기 체계만으로 유지되지 않는다. 정확하고 빠른 정보의 공유, 그리고 상황판단과 공동대응 능력이야말로 21세기 전략동맹의 실질적 핵심 안보역량이다.

한·미·일 협력에서 정보공유와 미사일경보 체계의 통합은 북한의 핵·미사일 위협 대응뿐만 아니라, 삼국 안보협력의 신뢰 수준과 작전 실행력을 보여주는 기준점이다.

2. 기존의 한계 - 비동시, 비대칭, 비표준

기존의 한·미·일 정보공유 시스템은 다음과 같은 구조적 한계를 지니고 있었다.

1) 비동시성
   → 북한 미사일 발사 시 정보 전달까지 수 분 이상 지연
   → 각국 탐지 시점 및 분석 기준 상이
2) 비대칭성
   → 미국 중심의 정보수집 및 제공, 한국·일본은 부분 제공
   → 자산 보유 비율 차이로 인한 정보 접근권 차등 발생
3) 비표준화

→ 각국 레이더, 위성, 데이터 처리방식 표준화 미비
→ 실시간 연동 어렵고, 훈련 시 수작업 공유 방식

이러한 제약은 실전 대응 시 '골든타임'을 놓치게 하고, 공동작전의 효과를 저하시킨다.

3. 실시간 경보체계 통합의 전환점

2023년 캠프 데이비드 한·미·일 정상회의는 실시간 미사일 경보 정보공유 체계 구축을 선언함으로써 그간 한계를 넘어서는 전환점을 마련했다. 핵심 추진 내용을 보면 이렇다.

- 북한 미사일 발사 시점부터 1~2분 내 3국 동시 인지 가능
- 센서-위성-분석-통보까지 자동화 알고리즘 연동
- 공통 데이터베이스·분석 알고리즘 도입 추진
- 공중·해상 감시망 다층화 - 이지스(AEGIS) 시스템, 조기 경보기, 위성 통합 운용

이 체계가 완성되면, 한·미·일은 단일한 경보체계 하에 동시 대응할 수 있는 공동 전략 플랫폼을 갖게 된다.

4. 기술 및 운용 과제

한·미·일 정보공유 시스템 구동 시 해결해야 할 과제를 보면 이렇다.

1) 기술적 측면

- 서로 다른 소프트웨어·암호체계의 상호운용성 확보
- AI 기반 표적식별·위협수준 판단 알고리즘의 공동 훈련
- 해저케이블·위성통신을 통한 신속 정보루트 이중화

2) 운용 측면

- 실시간 대응 프로토콜의 표준화
- 정보오류 발생 시 책임소재 및 대응 절차 수립
- 한일 간 GSOMIA 활용 범위 확대 및 제도적 보완

5. 시민사회의 우려와 투명성 확보

정보공유 확대는 보안상 유리하지만, 동시에 개인정보·국가정보 통제에 대한 시민사회의 우려도 존재한다. 이를 위해 다음과 같은 균형 전략이 필요하다.

- 의회 중심의 정보공유 통제 장치 마련
- 공공 설명과 시민감시위원회 제도화
- 안보와 정보의 조정위원회 신설
- 한일 간 감정적 불신 해소를 위한 실무자 교차 협력 확대

정보는 신뢰에서 시작되며, 국민의 동의 없는 정보통합은 지속가능한 동맹의 기반이 될 수 없다.

6. 결론 - 정보통합은 전략동맹의 뇌와 신경

한·미·일 3국의 미사일 경보체계 통합은 기술적 조치를 포함한, 정치·군사·사회적 신뢰를 모두 담보하는 안보 통합의 상징이다.

이 체계가 온전히 작동할 때, 3국은 실시간 공조를 바탕으로 공동 억지력을 확보할 수 있으며, 이는 향후 동북아와 인도-태평양 질서의 안정성과 예측 가능성을 획기적으로 높일 수 있다.

제11장 과거사 둘러싼 국내 여론과 안보 협력

1. 외교와 안보는 감정의 장벽 위에 세워질 수 없다

한·미·일 안보협력은 전략적 타당성이 분명함에도 그 진전에 있어 항상 과거사 문제와 국내 여론의 벽을 마주해 왔다. 이는 협력의 필요성과 국민 감정 사이의 현격한 온도 차 때문이며, 특히 한일 양국 간 역사문제는 안보 협력의 감정적 제약요인으로 작용하고 있다.

2. 과거사 문제의 지속적 영향

1) 강제징용·위안부 문제
   - 사법 판결(예 - 2018년 대법원 판결)과 외교의 충돌
   - 일본 보수 정치인의 망언과 역사왜곡 지속
   - 국내 피해자 단체와 시민사회의 반발 여전
2) 일본의 야스쿠니 신사 참배와 교과서 왜곡
   - 일본 정치인의 신사 참배 - 한국 사회의 강한 반감 유발
   - 일본 교과서의 식민 지배 왜곡 - 청년세대 간 역사 인식 갈등 조장
3) 징용 배상 및 화해치유재단 논란
   - 한일 정부 간 외교 타협이 있더라도 국민정서가 협력 지속성에 영향을 미침

3. 국내 여론의 동향과 정치적 변수

과거사를 둘러싼 한·미·일 3국의 동향과 그로 인한 변수는 이렇다.

1) 한국 여론의 복합성
   - 안보협력은 찬성하나, 일본과의 밀착은 감정적 거부감
   - 미국 주도의 협력 구조를 두고 '종속' 프레임
   - 정권 교체 시 협력 기조의 급격한 변화 가능성
2) 일본 여론의 양면성
   - 한국에 대한 '불신감'과 '피로감' 존재
   - 젊은 세대는 한류 문화에 우호적이나, 정치·역사 문제에는 무관심
   - 우익 정치세력의 '혐한 담론' 확산이 여론 극단화에 영향
3) 미국 여론의 입장 차이
   - 한국과 일본 갈등을 '전략적 부담'으로 인식
   - 트럼프 정부 시기와 바이든 정부 간 입장차 존재(동맹 중시 vs 비용 중심)

4. 안보 협력의 제약 요인 - 감정 변수

안보협력의 가장 큰 변수는 국민감정이다. 정상 간 합의가 있어도 국민정서상 거부로 이행불가 혹은 조기무효 사례가 한둘이 아니다. 자칫하면 과거사와 연결된 '굴욕 외교', '밀실 협상' 프레임에 씌이어 협력 의도조차 불신 대상이 되기도 한다. 때론 정권에 따라 협상이 오락가락하기도 하고, 국민정서 눈치를 보느라 엉뚱한 결정을 내리기도 한다. 그 예를 살피면

이러하다.

- 2015년 한일 위안부 합의 - 정권 교체 후 파기
- 2018년 대법원 강제징용 판결 - 일본의 수출규제, 지소미아 파기 통보
- 2023년 제3자 변제 방식 해법 - 여론 이견 분출

5. 균형 있는 대응 전략

이런 문제를 해결하는 방안은 소통과 교류를 통한 균형이다. 정부와 국민간 소통, 정부와 피해자 단체와의 소통 등이 그것이다.

1) 정부의 소통 전략
   - 안보 협력의 실익과 필요성을 국민에게 명확히 설명
   - 외교 타협의 '원칙'과 '감정' 사이의 조율 서사 강화
2) 피해자 단체와의 대화 확대
   - 외교 사안으로 치부하지 않고 사회 합의 도출
   - 공감 기반의 '기억과 공존' 외교 추진
3) 청년 세대 중심의 역사교육 및 교류강화
   - 단절된 역사 인식 대신 '공동의 교훈'이라는 시각 확산
4) 정치 리더십의 초당적 합의 구조 형성
   - 여야 간 외교·안보 사안에서의 기본 방향 일치 노력
   - 정권 변화에 따른 외교정책 급변을 방지하는 '정책 안전망' 마련

6. 결론 - 감정을 넘어선 협력과 신뢰 구축

과거는 지울 수 없지만, 그 기억을 공감하고 공유하는 것은 오늘의 선택이다. 한·미·일 안보협력은 국민정서 동의를 기반으로 '이성적 공감'과 '도덕적 설득력'을 동반해야 가능하다. 과거사 극복이야말로 도도히 흐르는 강에, 평화와 번영의 다리를 놓을 수 있을 것이다.

제12장 경제 및 기술동맹의 잠재력

1. 안보를 넘어, 경제와 기술의 연대로

21세기 국제질서의 핵심 키워드는 '무기'보다는 '기술'이요, '동맹'보다는 '플랫폼'이다. 한·미·일 3국은 그간 안보협력에서 긴밀한 관계를 형성해왔지만, 이제는 경제와 기술 동맹으로 협력 범위를 확장해야 할 때다.

그리고 이는, 지정학적 상황과 기술패권 경쟁을 결합한 '지정기술학(Geo-Technology)' 시대를 선도하는 전략적 대응이기도 하다.

2. 글로벌 공급망 위기와 한·미·일 협력 필요성

팬데믹 이후, 전 세계는 반도체·배터리·희토류·AI칩 등 핵심 품목의 공급망 위기를 경험했다. 이때 미·중의 기술 패권경쟁은 동맹국 중심의 공급망 재편을 촉진했다. 이런 상황에서 한·미·일 3국의 협력은 각국이 보유한 핵심기술과 소재, 제조역량 교류를 통해 얼마든지 전략물자 동맹으로 발전할 수 있다. 한·미·일이 보유한 주요 기술을 보면 이렇다.

- 한국 - 반도체·배터리 생산능력, 디스플레이 기술
- 미국 - 설계·AI·우주기술, 글로벌 금융·유통망
- 일본 - 소재·정밀공정·장비 기술

이 조합은 '기술 삼각 축'으로 지속가능한 공급망과 산업 생태계를 함께 설계할 수 있는 기반이다.

3. 기술 협력 분야와 미래 비전

한·미·일 기술 협력 분야를 들여다보자.

1) 반도체 및 첨단소재
   - 3국 공동으로 설계·소재·제조 체계 구축
   - 반도체 공급 위기 시 대응 프로토콜 수립
   - 공동 R&D 센터 설립(차세대 반도체, 나노소재 등)
2) 2차전지 및 전기차 배터리
   - 원재료 공동 구매 및 가공 협력
   - 배터리 재활용·재제조 기술 공유
   - EV 표준규격 및 친환경 인증 공동개발
3) AI·양자컴퓨팅·사이버보안
   - AI 윤리 기준의 공동 수립
   - 사이버 위협에 대한 정보공유·공동방어 시스템
   - 양자기술 표준화 국제협력 이니셔티브 공동 주도
4) 우주·로봇·미래 모빌리티
   - 위성 정보 및 우주발사체 기술 교류
   - 재난구조·의료용 로봇 공동 개발
   - UAM(도심항공모빌리티), 자율주행 분야 실증 협력

4. 제도적 기반과 공동 플랫폼 구상

1) 협력 구조의 제도화 방안

- 한·미·일 경제안보 고위급 회의체 정례화
- 3국 기술협력 특별기구(가칭, TechTrio Council) 설립
- 한·미·일 공동 특허풀 구축 – 공동 R&D 결과물의 상업화 촉진
- 디지털무역·표준협정 체결 – 디지털경제의 법제도 기반 일치

2) 인력·교육 협력

- 이공계 인재 교차 장학제도
- 스타트업 교환 프로그램 및 창업 펀드 공동 조성
- 공동 캠퍼스형 연구거점 유치

5. 잠재적 효과 – 경제, 안보, 가치의 3중 시너지

1) 경제 효과

- 공동 투자 및 시장 안정 - 가격 경쟁력 확보
- 기술패권 시대의 동맹형 R&D - 경쟁 아닌 연대의 모델

2) 안보 효과

- 경제안보 위기(공급 차단, 기술탈취) 시 공동 대응 역량
- 중국·러시아·북한의 경제 압박에 대한 완충선 형성

3) 가치 효과

- 자유시장·개방경제·기술윤리 기반의 글로벌 규범 창출
- 권위주의 진영에 대한 민주주의 기술 생태계의 대응 모델 확립

6. 결론 – 기술이 만드는 동맹의 미래

한·미·일 3국은 더 이상 군사·외교의 전통 동맹에 머물러서는 안 된다. 기술을 매개로 미래를 공동 설계하고, 경제를 통해 안보를 확보하며, 가치를 근거로 세계를 리드하는 '3중 동맹'으로 진화해야 한다.

이것은 21세기의 진정한 창조적 동맹(Creative Alliance)이며, 한일 수교 60주년을 넘어 100년의 비전을 현실로 바꾸는 전략적 선택이 될 것이다.

第13장 반도체, 배터리, AI 분야의 3국 협력 가능성

1. 기술이 외교다 - 전략산업의 협력이 미래를 결정

21세기 국가 간 경쟁의 중심은 전통 군사력보다 기술력이다. 특히 반도체, 배터리, 인공지능(AI)은 경제와 안보, 산업과 민생, 군사와 외교를 아우르는 '전략기술의 삼각 축'으로 떠오르고 있다.

한·미·일 3국은 이 핵심 분야에서 각자의 강점을 가진 기술국가이며, 이를 연계할 경우 세계 최정상 수준의 기술·산업·경제 연합체를 구축할 수 있다.

2. 반도체 - 3국 분업체계의 완성

1) 국가별 역할

- 미국 - 설계(팹리스), 글로벌 자본, 정책 리더십
- 한국 - 메모리 생산, 파운드리 제조, 시스템 반도체 진입
- 일본 - 장비, 소재, 화학 공정 기술 강국

이 조합은 기술적 완성도를 가진 구조이며, 한·미·일이 분업이 아닌 통합형 생태계를 구축할 경우 중국 견제, 공급망 안정, 기술 주권이 모두 달성가능하다.

2) 협력 방안

- 3국 공동 차세대 반도체 R&D 센터 설립
- 공급망 위기 대응을 위한 긴급생산·수 대응 프로토콜 구축
- 공동기술 특허 공유제도 도입 - 기술 탈취 방지와 상호보호 목적

3. 배터리 - 그린 전환의 핵심 플랫폼

전기차(EV) 시대의 심장이라 불리는 배터리는 ▲자동차 산업 ▲친환경 에너지 ▲저장 기술 등 다양한 분야에서 전략 무기화되고 있다.

1) 한·미·일의 기술 특성

- 한국 - 배터리 셀 대량 생산 및 글로벌 점유율 1~2위
- 일본 - 배터리 소재, 내구성·안정성 기술 선도
- 미국 - 광물자원·기술 스타트업 생태계·수요시장 규모

2) 공동전략

- 광물자원 공동 구매 및 가공 협약
- 배터리 표준화 및 리사이클 기술 플랫폼 공유
- 3국 배터리 얼라이언스 결성 → 생산지 다변화, ESG 인증 통합

4. 인공지능 - 윤리와 규범을 선도할 가치 연합

1) AI는 기술 혁명

AI는 국가 안보, 금융, 제조, 의료, 군사 등 전 분야를 바꿀 총체적 기술 혁명이다. 하지만 AI는 기술 진보와 동시에 윤리, 규범, 위험관리의 문제가 수반된다. 한·미·일은 민주주의, 인권, 법치라는 공통의 윤리 기반을 가진 국가들로서 AI 분야에서 기술과 가치의 조화된 리더십을 발휘할 수 있다.

2) 전략

- AI 윤리 기준 공동 선언 - 알고리즘의 공정성, 투명성 확보

• 공공안전·교육·보건 AI 활용 가이드라인 공동 개발
• 한·미·일 공동 AI 시범도시 구축(스마트시티, 스마트교통)
• 사이버보안·가짜뉴스 대응 등 AI 기반 공공정책 연계 시스템 구축

5. 기술동맹이 가져올 구조적 효과

1) 경제 효과
• 공동 투자와 개발 - 기술 비용 분산
• 공급망 리스크 분산 및 대응 시간 단축
• 글로벌 시장 내 표준 선점 가능성 확대

2) 외교·안보 효과
• 기술을 통한 신뢰기반 동맹 강화
• 기술패권 전쟁에서 비민주 진영에 대한 기술 견제력 확보

3) 사회·문화 효과
• 청년세대 중심의 기술교류·스타트업 연합 생태계 활성화
• 각국 대학 간 융합 전공 개설, 공동 석·박사 과정 확대

6. 결론 – '첨단기술 공동체'로 진화하는 한·미·일

반도체, 배터리, AI는 매우 중요한 산업 경쟁력임과 동시에 미래 국제 질서의 헤게모니를 결정짓는 전략자산이다. 한·미·일 3국이 이 기술동맹을 실현할 경우, 이는 G7보다 더 강한 '기술 중심 3국 연합체'로 자리매김함과 동시에 전 세계에 자유·개방·안전 기반의 기술 질서를 제시하는 모델이 될 것이다.

제14장 인도-태평양 전략과 글로벌 비전

1. 왜 인도-태평양인가?

21세기 지정학 중심축은 더 이상 대서양이 아니다. 인도양과 태평양을 잇는 인도-태평양'(Indo-Pacific) 지역이 경제·군사·기술·인구 모든 면에서 세계의 무게 중심이 되고 있다.

이 지역은 전 세계 GDP의 60%, 인구의 65%를 차지하며, 미·중 전략 경쟁, 해양 패권 다툼, 경제블록 충돌이 집중되는 세계의 미래 격전지다.

한·미·일 3국은 이 지역에서 자유와 법치, 평화와 번영이라는 공통 비전을 바탕으로 '글로벌 협력 동맹'으로 자리매김할 수 있는 절호의 기회를 맞고 있다.

2. 인도-태평양 전략의 기본 구도

1) 미국의 FOIP(자유롭고 개방된 인도-태평양) 전략
   → 중국의 일대일로(一帶一路)에 대응
   → 해양 안보, 무역 자유화, 규범 수호, 동맹 네트워크 강화
2) 한국의 인태 전략(2022 발표)
   → 포괄적·전략적 인태 구상 제시
   → 아세안, 태평양 도서국, 인도 등과의 연대 강조
   → 기후변화·보건·디지털협력 등 연성안보 중심
3) 일본의 전략

→ 아베 전 총리가 FOIP 개념 최초 제시

→ 해양항행의 자유, 규칙기반 질서 강조

→ 중국 견제 및 아세안 중시

이처럼 세 나라는 각기 다른 표현을 사용하되, 공통으로 자유, 질서, 연대에 기반한 지역 전략을 공유하고 있다.

3. 한·미·일의 인태 비전 통합 필요성

인태 전략의 성패는 '누가 주도하느냐'보다 '누구와 연대하느냐'에 달려 있다.

1) 안보 연대
   - 남중국해 항행의 자유 수호
   - 대만해협 안정 유지
   - 해양도서국과의 군사외교 강화(해군 교류, 재난구호 훈련 등)
2) 경제 파트너십
   - IPEF(인도태평양 경제프레임워크) 내 공급망 협력 강화
   - 디지털무역, ESG 투자, 스타트업 생태계 연계
3) 개발 및 인도적 협력
   - 아세안, 태평양 섬나라 대상 보건·교육·기후 지원
   - 3국 공동 ODA(정부 개발 원조) 펀드 조성 및 평가 시스템 통합
4) 규범 주도력 강화
   - WTO, UN, IMF 등 다자기구 내 공동 입장 채택

• AI 윤리, 사이버 규범, 데이터 국경 문제에 대한 글로벌 기준 수립

4. 중국과의 공존, 균형외교의 과제

한·미·일 협력이 중국을 적으로 삼아서는 곤란하다. 이는 오로지 국제질서를 존중하라는 규범 기반의 협력 구조여야 한다. 이를 위한 균형 전략은 이러하다.

- 중국과의 경제 연계성 고려한 전략적 메시지 조율
- 중국이 참여할 수 있는 기후·보건·문화 협력 트랙 유지
- 적대가 아닌 견제, 고립이 아닌 포용 방식 설계

한·미·일이 중심이 된 인태 전략은 '중국 봉쇄'가 아니라 '질서 수호의 다자 연대'임을 설득할 수 있어야 한다.

5. 글로벌 리더십의 시험대

한·미·일은 인도-태평양은 물론 지구 전체의 가치 동맹에서 선도자 역할을 할 수 있다. 그로벌 리더십의 핵심 영역은 이러하다.

- 글로벌 공급망 질서 재편
- 기후위기 대응 – 탄소중립 기술 및 규범 수출
- 보건안보 – 감염병 조기경보 체계 공동 구축
- 디지털질서 – 사이버보안, 플랫폼 규제 국제공조

• 인권외교 – 북한·미얀마·홍콩·우크라이나 사안 공동 대응

이러한 비전은 한일 수교 60주년이 21세기 세계질서의 새로운 축으로 부상하는 여정이기도 하다.

6. 결론 – 지역을 넘어 세계로, 전략을 넘어 문명으로

한·미·일 3국은 더 이상 '동북아 안보 협력국'이라는 좁은 틀에 머물러서는 안 된다. 이제는 인도-태평양을 아우르는 가치, 규범, 기술, 사람 중심의 글로벌 전략 공동체로 도약해야 한다.

그리고 이것이야말로 한일 수교 60주년이 남기는 가장 위대한 선물이며, 우리 세대가 미래 세대에게 남겨줄 지혜와 책임의 외교 자산이다.

제7부

요약 정리 -한·미·일 삼각 협력의 과거와 미래

1. 서론

동북아를 넘어 글로벌 전략 동반자로서 한·미·일 삼국은, 제2차 세계대전 이후 냉전질서 속에서 각기 다른 역사와 상처를 안고 출발했으나, 오늘날에는 공동의 가치와 미래 전략을 공유하는 핵심 파트너로 성장했다. 제6부는 이 삼국 간의 안보·외교·경제·기술 협력의 흐름과 미래 구상을 총체적으로 조망하였다.

2. 핵심 흐름

1) 역사 맥락 - 냉전기부터 미·중 전략 경쟁기까지 삼각 안보협력은 동북아의 균형추 역할을 해왔으며, 북한 핵·미사일 위협에 대한 공조를 강화시켜 왔다.
2) 정상외교와 제도화 - 2023년 캠프 데이비드 회담은 한·미·일 정례 정상회의 체제 출범이라는 중대한 전환점이었다. 정보공유, 연합훈련, 위기대응체계 구축의 구조적 진화로 이뤄진 것이다.
3) 가치 동맹으로의 진화 - 군사협력에서 자유·민주주의·법치를 중심으로 한 가치 중심 규범 기반 연대로 확장되었다.
4) 국내 정치와 감정의 변수 - 과거사와 국민정서, 정권 교체 등에 따라 협력의 연속성 확보가 관건임을 강조했다.
5) 기술·경제동맹의 가능성 - 반도체, 배터리, AI 등에서의 분업을 넘어 통합 생태계로의 협력이 가시화되고 있다. 공급망 위기 대응, 공동 R&D, 특허 공유 등 실질적 이익을 부각했다.
6) 인도-태평양 전략과 글로벌 연계 - 한·미·일 공조는 지역 방어 동맹

개념을 넘어서, 글로벌 가치 동맹으로 확장 중이다. FOIP, IPEF 등과의 다자 플랫폼에서 공동으로 주도적인 역할이 기대된다.

3. 전략적 성과

- 안보와 경제의 복합 협력구조 정착
- 기술·산업 협력을 통한 미래형 연대 기반 형성
- 공동 규범(가치) 수호를 위한 외교 전략의 심화
- 연례 정상회의와 공동 위기대응 시스템의 제도화

4. 남은 과제

- 과거사 이슈 정리 및 국민 공감 확보
- 정권 교체 시 협력 기조의 연속성 보장
- 중국·북한·러시아 등 전략 변수의 유연한 조율
- 기술 협력의 제도적 뒷받침 강화(특허, 인재, 표준)

5. 결론 – 새로운 100년의 문을 여는 삼각 축

한·미·일 공조는 과거의 상처를 딛고 일어서는 것도 중요하지만, 다가올 시대를 설계하는 전략적 동맹이라는 점이 더욱 중요하다. 우리가 마주한 도전은 복합적이지만, 공유된 가치와 실질적 이익, 여기에 협력의 의지가 맞물린다면 한·미·일은 21세기 세계질서를 평화·번영·기술로 주도 중심축으로 자리매김할 수 있다.

제8부

이상진 칼럼
- 광복 80주년, 대한민국의 오늘과 내일을 묻다

《칼럼 1》

광복 80주년 - 우리는 진정한 자주독립 국가인가?

20세기 대한민국은 한마디로 '기적의 나라'다. 이런 말 들을 자격 있는 나라다. 35년 일제강점기 끔찍한 시련을 이겨내고, 6.25라는 참혹한 전쟁을 극복한 나라이니까. '한강의 기적'이라는 눈부신 경제성장을 이루고. 서슬 퍼런 군부 독재를 극복하고 해사한 민주주의를 성취한 나라이니까. 세계 유일의 원조 받던 나라에서 원조하는 나라로 탈바꿈해 세계 10경제대국 반열에 든 나라이니까.

하지만, 해방 80주년을 맞이하는 이 시점에 우리는 자문하게 된다. 과연 오늘날 대한민국이 진정한 '자주독립 국가인가' 하고. 외세로부터 완전히 벗어나 스스로의 힘으로 국가를 경영하고, 민족의 운명을 개척하는 나라인가 하고. 이를 묻는 것은, 우리가 처한 환경을 이해함으로써 장애요인을 제거하고자 함이요, 해방 100주년을 맞이하기까지 장차 우리가 무엇을 대비해야 할 것인지 진단하고자 함이다.

외교안보 자주권 - 능동 대처 능력 갖춰야

대한민국 외교안보의 중심축은 한미동맹에 기반하고 있다. 6.25전쟁 당시 유엔군 참전은 국가 생존에 결정적이었으며, 그 후 1953년 체결된 한미상호방위조약은 지금껏 한국의 안보를 지탱해 온 근간이었다. 그러나 그로부터 77년이 흐른 지금 세계는, 미중 경제안보 전략 경쟁이 갈수록 치열해지고, 러시아의 우크라이나 침공으로 신냉전 체제 양상을 띠고 있다.

이런 상황에서 우리는 독립된 외교안보 전략을 수립할 수 있는 능력을 갖추었는가? 한·미·일 안보협력에 능동적으로 대처할 수 있으며, 한중 경제협력에서 떳떳이 눈치 살피지 않을 수 있는가? 러시아의 우크라이나 침공에 우리 목소리를 내고, 유럽 국가들과 주체적인 다자외교가 가능한가? 이는 우리가 결정하고, 상대를 설득해 원하는 방향으로 끌어들일 수 있는가 하는 물음이다.

독립된 외교안보 전략은 북한과의 평화 프로세스를 이끌어내는 외교적 창의성을 포함한다. 핵무장에 장거리미사일을 개발하고, 걸핏하면 한·미·일을 협박하는 북한에 끌려 다녀서 될 일이 아니다. 외교안보 주도권 확보 없이 우리는 진정한 자주독립 국가라고 말할 수 없다. 물론 간단한 일이 아니다. 이를 위해 해결해야 할 과제도 많다. 그럼에도 불구하고 자주독립 국가를 말하는 것은 하루빨리 우리 손으로 그런 국가를 만들어야 하는 절박함 때문이다.

군사 주권 – 전작권 환수는 자주독립 국가의 시금석

군사 주권의 핵심은 '전시작전통제권(전작권)'이다. 전작권이란 전쟁이 벌어졌을 때 작전 통제권을 누가 갖느냐 하는 권한이다. 현재 한국군은 평시에는 자체 작전을 수행하지만, 전시에는 미군 사령관이 한미연합군 사령부를 지휘하게 되어 있다. 전작권을 쥐고 있지 않는 한 대한민국의 군사 주권은 완전할 수 없다.

전작권은 군사 기술력의 문제가 아니라 국민의 자존과 자주성 회복의 문제다. 물론 북한 핵위협과 안보환경을 고려할 때 그리 호락호락한 문제가 아니다. 한미동맹의 실효성 등을 감안해도 쉽게 접근할 문제도 아니다. 전작권 확보는 자칫 남북 대치 상황에서 미군 철수로 이어질 수도 있는 심각한 문제다. 그러나 전작권 환수가 수십 년째 미뤄지고 있다는 것은 원인이 무엇이건 설득력이 떨어진다.

중국과 러시아의 공산독재, 미국과의 군비경쟁이 갈수록 치열해지는 상황에서 우리의 군사 주권은 매우 중요한 사안이다. 다시 말해 국방력 강화, 사이버 안보, 우주방위 전략 등 다양한 영역에서 군사 주권 확립이 시급하다는 의미다. 국방기술의 자립역량, 병력구조의 효율성, 국군의 민주적 통제 등은 모두 자주국방의 핵심 과제다. 자주국가란 언제든 홀로서기로 국가를 지킬 수 있는 나라다.

경제 자주권 - 글로벌 경제 속의 독립, 가능한가?

경제 자주권은 자주독립 국가의 중요한 지표다. 우리는 최단기간에 한강의 기적을 이루고, 세계 경제대국 10위에 이름을 올렸다. 하지만, 급속한 경제성장 과정에서 곳곳에 허점을 드러냈고, 이는 IMF같은 경제위기를 초래하기도 했고, 서브프라임 모기지 사태에 휘청거리기도 했다. 미국이 기침하면 한국이 독감에 걸리는 구조에서 벗어나지 못하면 경제 자주권은 아주 요원한 일이다.

게다가 우리는 근래 '또 다른 형태의 경제 종속성' 문제에 직면해 있다. 경제 종속성이란 쉽게 말해 상대 처분에 맡긴다는 의미다. 따라서 '또 다른 형태의 경제 종속성'이란 반도체, 배터리, 디스플레이 같은 첨단 산업이 다른 국가의 기술력에 휘둘려 처분에 맡길 수밖에 없는 처지라는 의미다. 미중 기술패권 전쟁에 휘말려 한국 기업들이 이런 선택을 강요받을 수밖에 없다는 것이다.

희토류 같은 자원을 둘러싼 미중 패권전쟁도 경제 자주권을 심각하게 침해하는 요소다. 특히 지하자원이 전무한 한국으로서는 자원 확보에 비상이 걸릴 수밖에 없는 처지다. 독자 브랜드와 기술, 산업 전략으로 아무리 주도권을 행사하려 들어도 자원 확보 없이는 공염불에 불과하기 때문이다. 경제 자주권 확보를 위한 자원외교가 그만큼 절실할 수밖에 없는 상황이다.

정신적, 사상적 독립 – 정신적 식민에서 벗어났는가?

외교안보, 군사, 경제 측면의 독립만큼 중요한 자주독립 국가로서의 요소는 정신적, 사상적 독립이다. 물질문화에 젖어들다 보면 자신도 모르게 경제 강대국 중심의 사고에 찌들게 마련이다. 그러다 보면 매우 우수한 문화를 보유한 국민임에도 자신을 비하하기 쉽다. 식민 잔재와 패배주의, 자기부정과 열등감이 그것이다. 이런 정서가 무의식에 깊이 뿌리내려 있으면, 자주독립 국가는 요원하다.

국내 정치가 외세에 휘둘리는 경우도 자주독립 국가를 저해하기는 마찬가지다. 정치인들이 핵무장과 미사일개발에 여념 없는 북한의 눈치를 살피는 게 대표적이다. 경제력으로나 국방력으로나 정치력으로나 전혀 눈치 볼 상황이 아닌데, 북한의 태도에 쩔쩔매기 일쑤다. 지나치게 북한 눈치를 살피다 보니, 한·미·일 안보연맹마저 부정당하는 경우도 비일비재하다.

우리가 자주독립 국가로 바로 서려면, 우리 역사와 문화를 주체적으로 바라보고, 한민족의 사명과 가능성을 스스로 신뢰하는 태도가 중요하다. 특히 통일 문제에 있어서는 외부 시선에 흔들리지 말아야 한다. 남북이 자주적으로 해결할 수 있다는 관점과 노력이 아주 중요하다. 정신적, 사상적 자주성 회복이야말로 자주독립 국가로 궁극적 과제다.

맺으며 – 광복의 완성, 자주독립의 재정의

"우리는 과연 자주독립 국가인가?"

이 질문에 대한 답은 사실 없다. 그런 나라가 지구상에 없기 때문이다. 매우 상대적 개념 때문이기도 하다. 미국 중국 러시아 등 모든 국가는 자주독립 국가 차원에서 '완성형 국가'가 아니다. 그저 목표를 향해 나아갈 뿐이다.

광복 80주년을 맞이한 우리는 이제 '제2의 자주독립운동'을 전개해야 한다. 80년 전 일제강점기로부터의 광복과 달리 이제부터의 광복은 전작권 환수, 외교다변화, 경제 자립, 군사 자립 등 국격을 높이는 일이다. 국민 모두가 한민족의 주체성과 정체성을 회복하고, 국가의 운명을 스스로 책임지려는 의지를 갖는다면 이는 얼마든지 가능하다. 완성을 위한 첫 걸음, 지금부터 시작이다.

《칼럼 2》

광복의 완성은 곧 통일 - 젊은 세대에 통일이 희망임을 일깨워야

1945년 8월 15일 광복은 곧 분단의 시작이었다. 일제강점기에서 벗어남과 동시에 미소 군정으로 남북이 쪼개졌으니까. 이후 1950년 발발한 6.25전쟁. 참혹한 살육전이었지만, 통일은 이뤄지지 않았다.

광복 80주년인 2025년. 동시에 우리는 분단 80년이라는 씁쓸한 현실을 마주하고 있다. 이 땅의 광복은 여전히 미완이며, 민족의 해방은 절반에 머물러 있다. 이제 우리는 '분단 지속'의 현실을 자각하고, '극복 전략'을 세워야 한다.

분단의 고착화 - 왜 분단은 끝나지 않았는가?

남북 분단은 이념의 대립이요, 체제의 충돌이며, 민족 정체성의 분열이다. 북한은 왜곡된 공산주의요, 수령 체제다. 반면 한국은 자유민주주의요, 시장경제 체제다. 공산주의 몰락으로 동독과 소련이 붕괴되었지만, 북한은 북한식 폐쇄주의로 3대째 독재왕국을 이어가고 있다. 반면 한국은 자유주의 아래 경제 선진국으로 도약했다.

이처럼 남북 분단이 단순히 국경선 분할이 아니기에, 동서냉전이 종식

된 지금까지 한반도 분단이 해결되지 않는 것이다. 우리는 여전히 서로를 '적'으로 간주하며 군사 충돌 위험 속에서 살고 있다. 더구나 21세기 들어 북한은 핵무장과 미사일개발로 전 세계를 공포의 도가니로 몰아넣고 있다. 70년 넘게 이어진 휴전 상태는, 그야말로 '종전 같은 전쟁' 중이다.

분단을 고착화하는 요인은 다양하다. 무엇보다 남북의 상호 불신과 체제 경쟁이 중요한 원인이지만, 미국과 중국 등 외세 개입, 국내 정치적 이해관계가 뒤엉킨 것도 무시할 수 없다. 특히 한국 내 이념 분열은 결코 빼놓을 수 없는 요인이다. 한국의 민주화 과정에서 북한에 우호적인 태도를 보인 일부 정치세력을 이용해, 북한이 버젓이 핵 개발과 미사일개발에 성공했기 때문이다.

통일의 실종 – 청소년에게 통일 비전 제시해야

우리에게 통일은 무엇인가? 6.25전쟁의 소용돌이에서 가족이 북한에 끌려가거나, 북한에 가족을 두고 월남한 이산가족들은 누구보다 통일을 염원했다. 그러나 시간이 흐르면서 이들이 하나둘 세상을 뜨면서 통일의 열정은 점차 사그라졌다. 열심히 애창하던 '통일의 노래'도 부지불식간 입과 머리에서 멀어져 갔다.

그러니 젊은 세대야 오죽하겠는가? 통일을 왜 해야 하는지, 그게 자신들과 무슨 상관인지, 관심도 없고 의지도 없다. 통일비용을 얘기하면 자신들에게나 달라고 할 지경이다. 그간 설문조사를 보면, '통일은 필요 없다'라거나 '지금처럼 평화적 분단이 낫다'는 의견도 적지 않다.

우리는 젊은 세대에게 통일이 희망임을 일깨워 주어야 한다. 풍부한 북한의 자원과 젊은 인력이 장차 젊은 세대에게 엄청난 일자리와 부를 제공할 것임을 알려주어야 한다. 나아가 대륙과 해양을 잇는 지정학적 이점을 지닌 통일 한국이 세계 강국으로 도약하면 한국이 일류 국가가 될 것임을 보여주어야 한다. 물론 민족분열 해결이나 역사적 정의 구현이라는 의미를 덧붙여.

평화 체제 구축 - 정전 협정에서 평화 협정으로 전환해야

1953년 체결된 정전협정은 제목에서 보듯 군사 충돌을 일시 정지시킨 협정이었다. 정전협정이 전쟁의 종식을 의미하지 않는다는 의미다. 다시 말해 언제든지 재발할 수 있는 여지가 있다는 뜻이다. 일면, 선언으로서의 의미이지만, 한반도 정전협정은 종전협정이자 평화협정으로 바뀌어야 한다.

종전선언을 통한 평화협정은 통일로 가는 출발점이다. 평화가 단순히 무력충돌 회피가 아니기 때문이다. 평화협정은 상호 불가침 및 군비 축소 합의, 외교관계 정상화 등을 포함하는 약속이다. 한국은 평화 협정 체결을 위해 남북대화는 물론이요 미국, 중국, 러시아 등 주변국과의 다자협력이 절실하다.

2018년과 2019년 남북정상회담 및 북미정상회담은 평화협정 가능성을 높였지만, 이후 교착상태에 빠지며 냉각기로 접어들었다. 미국과 북한과의 대화를 주선하고도 문재인 정부는 아무런 소득이 없었다. 북한이 수시로 태도를 바꾸고, 핵실험과 미사일개발에 몰두한다고 해서, 대화의 문을 닫아서는 안 된다. 원칙을 갖고 끊임없이 문을 두드려야 한다.

실천 전략 - 국민 중심 통일운동 전개해야

이제 통일운동에 관한 의식을 바꿔야 한다. 정부가 주도하는 통일운동이 아니라 국민이 참여하는 통일운동으로 전환해야 한다. 민(民)의 통일운동, 즉 시민 중심의 실천이 중요하다는 의미다. 지역 사회, 종교계, 청년 단체, 학계, 기업 등이 고루 참여하는 '통일 생태계' 구축이 절대 필요하다.

특히 젊은 세대에게는 통일의 가치나 당위성보다 '통일이 내 삶에 얼마나 이익인가' 하는 관점에서 접근하는 전술이 필요하다. 먹고 살기도 바쁘다고 여기는 젊은 세대가 통일운동에 눈 돌리도록 하자는 취지다. 교육과 문화 교류, 남북 청년 포럼, 북한 이탈주민과의 공존 프로그램 등을 통해 통일을 공감하게 해야 한다.

국제사회와의 연계도 중요하다. 글로벌 평화 캠페인, 유엔을 통한 남북 협력 촉진, 정부개발원조(ODA. Official Development Assistance) 연계 대북지원 등도 지속적으로 추진되어야 한다. 통일은 기다림이 아니라, 지금 여기서 시작되는 '실천의 과정'이기 때문이다.

맺으며 - 광복의 완성은 곧 통일

광복은 우리에게 자유와 희망을 주었지만, 분단으로 심각한 갈등과 고통을 불러들였다. 광복 80년이자, 분단 80년을 맞아 우리는 통일이야말로 진정한 광복의 완성이라는 사실을 직시해야 한다. 그것은 본래였던 한 국가로의 회귀이며, 통일 이념의 두 줄기였던 자유주의와 공산주의의 통합이기 때문이다.

통일이 완성일 수 있음은, 광복 이후 지난 80년간 한국이 쌓아올린 경제, 안보, 문화 능력의 세계화가 남북통일을 계기로 더욱 강력해질 수 있기 때문이다. 한반도 통일이 공산주의를 상대로 한 자유주의의 승리, 유물사관을 상대로 한 섭리사관의 승리이기 때문이다. 우리가 '미완의 광복'을 넘어, '완성된 광복'으로 나아가야 할 이유다.

《칼럼 3》

'제2 한강의 기적'을 이루기 위한 조건

대한민국 국민이라면 누구나 '한강의 기적'을 알고 있다. 1945년 광복 직후, 초토화된 경제, 한국전쟁으로 인한 폐허는 심각한 절망이었지만, 우리는 이를 거뜬히 이겨냈다. 그 누구도 대한민국이 불과 80년 만에 세계 10위권 경제대국이 될 줄은 몰랐다.

현재 대한민국은 방위산업, 조선(造船), 스마트폰, 반도체, 자동차, 문화콘텐츠 등 다양한 분야에서 글로벌 중심국가로 우뚝 섰다. 근면한 국민 모두가 협력하여 일군 성과다. 전 세계 인류가 한국 노래를 듣고, 한국 영화를 보며, 한국 음식 먹기를 즐긴다. 이 얼마나 놀라운 일인가.

2025년 광복 80주년을 맞아 우리는, 한강의 기적 요인과 과정을 다시 들여다보아야 한다. 어떻게 이런 기적이 일어날 수 있었는지, 한강의 기적은 지금도 계속되고 있는지, 나아가 '제2의 한강의 기적'을 일으켜야 하는 건 아닌지 꼼꼼히 살펴야 할 것이다.

다시 보는 한강의 기적

1960년대만 해도 대한민국은 1인당 GDP가 채 100달러가 되지 않는 세계 최빈국 중 하나였다. 하지만 박정희 정부의 수출 중심 산업화 전략, 경공업에서 중화학공업으로의 전환, 고속도로와 포항제철 등 인프라 구축, 새마을운동을 통한 농촌개발 등이 국가 발전의 토대를 쌓았다.

1970~80년대에 들어서며 조선, 전자, 자동차 산업이 글로벌 경쟁력을 갖추게 되었고, 1990년대에는 정보통신 분야에서 새로운 기회를 창출했다. 1997년 IMF 외환위기라는 고비도 있었지만, 이것이 구조개혁과 금융개방, 벤처붐으로 이어지며 다시 성장의 기반을 다졌다.

이러한 '압축성장(壓縮成長)'의 결과, 한국은 G20의 일원이 되었고, 2021년에는 세계 최초로 개발도상국에서 선진국 지위로 UNCTAD(국제연합무역개발협의회) 분류가 변경되었다. 이는 광복 이후 명실상부한 '경제 기적'이자, 위대한 성취였다.

새로운 위기, 새로운 기적

하지만 광복 80주년을 맞이한 2025년 대한민국은, 4차 산업혁명의 물결 속에서도 경제 성장의 한계와 구조적 위기에 내몰리고 있다. 저출산과 고령화, 청년 실업, 인구 수도권 집중, 부동산 양극화, 가계부채 상승 등이 발전의 지속가능성을 위협하고 있는 것이다. 이 위기를 어떻게 극복할 것인가?

감히 제안하건데, 우리는 '제2 한강의 기적'을 이뤄내야 한다. 이는 한강의 기적 연장선상에서 디지털 전환, 인공지능, 빅데이터 등 새로운 산업 구조에 빠르게 대응해 나아가는 일이다. 나아가 기술 혁신과 인재 양성, 공정한 경쟁, 포용적 복지, 생태적 전환, 글로벌 파트너십을 유기적으로 구동하는 것이다.

이를 위해 명심해야 할 게 있다. 우선, 단순한 양적성장이나 수출중심 전략을 넘어서야 한다는 사실이다. 즉, 질적 전환을 통해 지속 가능성한 패러다임을 구축해야 한다는 것이다. 과거와 같은 '압축성장' 모델은 더 이상 작동하지 않는다. 이는 그만큼 정책수립과 절차진행의 전 과정이 치밀해야 한다는 의미이다.

새로운 성장 동력 - 디지털, 그린, 통일경제

미래의 경제 성장은 어떤 동력에서 비롯될까?

첫째는 디지털 전환이다. 인공지능, 메타버스, 사물인터넷, 블록체인 등 첨단기술을 기반으로 한 산업혁신이 앞으로의 국가경쟁력을 좌우한다. 특히 '산업의 쌀'이라 불리는 반도체 산업은 앞으로도 대한민국의 전략산업에 큰 비중을 차지할 것이다.

둘째는 그린 전환이다. 탄소중립, 신재생에너지, 수소경제, 순환경제 등은 친환경 산업이자 미래 산업이다. 기후 위기 등 지구촌 위기가 맞물려 우리가 적극 관심을 갖고 보호하고 확장시켜야 할 산업분야다. 이는 환경 보호 차원을 뛰어넘어 미래의 핵심 시장이기도 하다. 국제협력을 통해 한국이 선도국가로서 발돋움해야만 한다.

셋째는 통일 경제이다. 남북 간의 경제협력은 제2 한강의 기적 성취를 위해 주목할 만한 분야다. 북한의 자원과 노동력, 남한의 자본과 기술이 결합되면 남북 경제발전에 엄청난 시너지효과를 낼 것이다. 유럽의 통합 사례에서 볼 수 있듯이 통일은 경제발전의 놀라운 기폭제다.

사람 중심의 경제 – 성장과 함께 '삶의 질'을 높이다

기적은 수치로만 완성되지 않는다. 1인당 GDP가 3만 달러를 넘어섰다고 해도 삶의 만족도, 공정성, 복지, 노동환경, 주거안정, 교육기회 등이 뒷받침되지 않으면, 그것은 허상이다. 특히 청년층은 고용불안과 미래에 대한 불확실성으로 인해 '헬조선'이라는 자조적 표현까지 쓴다.

경제가 성장했는데 왜 행복하지 않은가? 이 질문에 답하는 것이 기적의 다음 단계다. 경제정책은 더 이상 대기업 중심, 양극화 조장이어서는 안 되며, 모두가 함께 잘 사는 '포용 경제'로 나아가야 한다.

또한 중소기업과 자영업자, 정규직과 비정규직, 여성과 고령층, 중앙과 지방 경제를 고루 배려하는 정책이 필요하다. '사람 중심의 경제', 이것이 두 번째 기적의 핵심 방향이다.

맺으며 – 기적의 다음 장을 쓰기 위해

광복 이후 80년, 대한민국은 세계가 주목하는 경제적 성취를 이뤄냈다. 그러나 기적이 계속되리라는 보장은 어디에도 없다. 기적은 준비된 자에게만 또다시 찾아올 뿐이다. 과거를 자랑할 게 아니라, 미래를 설계해야 할 시간이다.

기술과 인재, 혁신과 정의, 통합과 포용, 생태와 통일이라는 키워드를 중심으로 대한민국은 '제2의 한강의 기적'을 이뤄내야 한다. 그것은 부국

(富國)을 넘어 강국(强國), 나아가 도덕적 리더 국가로 나아가는 길이다. 광복 80주년, 우리는 다시 한 번 스스로에게 물어야 한다.

"다음 기적을 만들 준비가 되었는가?"

《칼럼 4》

민주주의는 끊임없는 자기성찰과 실천의 과정

대한민국 현대사는 경제성장과 산업화의 기록만이지만 그보다 위대한 것은 '민주주의의 성장사'다. 해방 이후 혼란과 독재, 군사 쿠데타와 민중 항쟁, 그리고 헌법을 지키기 위한 촛불의 물결까지, 대한민국의 민주주의는 수많은 위기와 시련 속에서 자라고 일어섰다. 민주주의는 한 번의 쟁취로 끝나는 것이 아니라, 꾸준히 지켜가야 할 가치임을 우리는 지난 80년의 역사에서 배웠다.

해방 이후의 혼란과 건국, 그리고 독재의 그림자

1945년 해방 이후, 대통령에 취임한 이승만은 1948년 자유민주주의 체제를 천명하며 대한민국 정부를 수립했으나 성숙한 민주주의는 아니었다. 후진국 수준의 문맹률 같은 민주주의 실현을 위한 조건이 마련되지 않았음을 감안해도 1952년 발췌 개헌, 1954년 사사오입 개헌, 1960년 부정선거 등 권력을 유지하기 위한 비민주적 방식이 이를 방증한다. 분노한 국민들은 대한민국 민주주의의 첫 시민 항쟁인 4·19 혁명을 일으켰고, 이는 결국 민의에 의한 정권 교체라는 중요한 전례를 남겼다.

그러나 민주주의가 다시 후퇴했다. 1961년 박정희의 5·16군사쿠데타는 민주질서를 무너뜨리고 군부통치를 정당화시켰다. 이후 유신체제라는 헌법 파괴와 장기집권이 이어지다가 1979년 박정희 피살로 막을 내렸다. 게다가 12.12쿠데타로 정권을 잡은 전두환이 제5공화국을 열었고, 그로부터 7년간 군부독재가 지속됐다.

6월 항쟁과 직선제, 국민이 만든 민주주의

1987년 서울의 봄이 폭풍처럼 찾아왔다. 박종철 고문치사 사건과 이한열 열사의 희생에 분노한 국민들이 거리로 나섰고, 마침내 직선제 개헌이 이뤄졌다. 6월 항쟁이 이끌어낸 6.29선언이 그것이다. 이는 국민의 저항과 희망이 만들어낸 성취로 투표 결과 노태우 대통령이 직선으로 당선되었고, 이후 한국은 비로소 민주주의의 궤도에 올라설 수 있었다.

노태우에 이어 김영삼, 김대중, 노무현으로 이어지는 문민정부는 각기 다른 방식으로 민주주의를 확장시켰다. 김영삼 정부는 하나회 척결과 금융실명제를 통해 권력 투명성을 강화했고, 김대중 정부는 최초의 수평적 정권 교체로 정치사에 큰 이정표를 세웠다. 노무현 정부는 지역주의 타파, 시민 중심 정치를 강조하며 진정한 민주주의의 가치를 제시했다.

민주주의의 시험대 - 정쟁과 분열, 그리고 촛불혁명

그러나 민주주의의 길은 항상 직선이 아니었다. 이명박, 박근혜 정부에서는 언론 통제, 권력 집중, 검찰의 정치화, 시민과의 소통 부재 등으로 인해 민주주의는 반복해서 위기를 겪었다. 그리고 2016~2017년, 대한민국은 또 한 번 역사의 전환점을 맞는다. 바로 '촛불혁명'이다.

수백만 명의 광화문 시위로 권력을 바꾼 세계사적 사건이었다. 헌정사상 최초의 대통령 탄핵, 민주적 질서를 지키기 위한 시민의 자각과 참여는 민주주의가 성숙한 시민사회 위에서 더욱 단단해졌음을 보여주었다.

그러나 그 이후 정치현실은 전혀 예상치 못한 문제점을 도출했다. 언제부턴가 대화와 타협의 정치가 실종되고, 극단적 진영논리와 혐오정치가 판을 치면서 대한민국 민주주의의 내면이 얼마나 취약한지를 드러냈다. 여기에서 우리가 주목할 점은 민주주의는 정권교체로 완성되지 않는다는 사실이다. 그것은 법치, 견제와 균형, 소수자 보호, 합리적 논쟁의 문화로 이어져야 가능하기 때문이다.

민주주의의 다음 단계 - 참여, 숙의, 책임

대한민국은 헌법상 자유민주주의 국가로 세계에서 가장 빠르게 민주주의를 이룩한 나라다. 문제는 민주주의의 수준으로, 이제는 민주주의의 질적 전환이 필요한 시점이 도래했다. 즉, 시민이 일상에서 공공문제를 고민하고, 여기에 의견을 제시하며, 사회적 합의를 도출해내는 '숙의 민주주의'가 절실히 요구된다는 것이다.

이를 위해서는 시민중심의 '생활 정치', '풀뿌리 자치'가 활성화되어야 한다. 또한 언론의 독립성과 책임 있는 보도, 교육을 통한 민주시민 역량 강화, 디지털 시대에 걸맞은 민주 거버넌스 혁신 등이 뒷받침되어야 한다.

청년세대는 과거의 민주화운동을 기억하지 못한다. 그들에게 민주주의는 기후 위기, 젠더 갈등, 노동 불안정, 데이터 권리 등 새로운 의제 해결 방식으로 이해된다. 민주주의는 변화하는 사회 속에서 끊임없이 재창조되는 것이기 때문이다.

맺으며 - 민주주의는 진행형이다

광복 이후 80년, 대한민국은 피와 땀으로 민주주의를 일구었다. 때로는 독재에 저항하고, 때로는 스스로의 무관심을 반성하며 여기까지 왔다. 민주주의는 완성형이 아니다. 그것은 끊임없는 자기 성찰과 실천의 과정이며, 국민 한 사람 한 사람의 권리이자 책임이다.

이제 우리는 질문해야 한다. 향후 20년, 광복 100주년이 되는 2045년의 대한민국은 어떤 민주주의를 가질 것인가? 정쟁이 아닌 대화, 극단이 아닌 공존, 무관심이 아닌 참여로 나아가는 길—그것이 이 시대 우리가 세워야 할 민주주의의 다음 단계다.

《칼럼 5》

일제 잔재, 청산없는 미래는 없다

1945년 일제강점기에서 해방되고 올해로 80년째를 맞이했지만, 우리 주변에는 여전히 일제의 잔재가 유령처럼 따라다니고 있다. 국토가 회복되고 정치적으로 독립되었음에도 일제강점기 시절 왜곡된 역사, 피지배자의 멍에, 일제의 제도와 가치, 국민성에 뿌리박힌 식민지 근성이 여전하다는 의미다. 광복 80주년, 이제야말로 '역사 정의'를 바로 세우고, 미래세대에게 올바른 기억과 교훈을 남겨야 할 시섬이나.

제도와 관행 속의 식민 잔재 - 남긴 구조들

해방 후 대한민국은 빠르게 정부를 수립하고, 새로운 사회를 구성해야 했지만, 제도적으로나 행정적으로 일제청산이 충분히, 그리고 원만히 이루어지지 못했다. 조선총독부에서 일하던 고위 관료들은 새 정부의 관료로 승계되었고 경찰, 검찰, 심지어 도시 설계나 주소 체계까지도 일제 유산을 그대로 답습했다.

경찰의 고압적 태도와 구조, 행정의 중앙집권적 시스템, 법률 용어의 일본식 표현 등에서는 식민지 시절의 군내가 난다. 친일행위를 했던 인사들이 정치·경제·학계에 영향력을 유지한 것도 청산되지 않은 역사다. 이는 과거의 일에 머물 뿐 아니라 지금까지 우리 사회의 신뢰와 정의감을 약화시키는 원인으로 작용하고 있다.

역사 교육의 갈등 – 기억과 망각 사이

일제 잔재 청산의 핵심 중 하나는 역사교육의 방향성이다. 우리는 과연 다음 세대에게 무엇을, 어떻게 가르치고 있는가? 독립운동의 정신과 일제의 침탈, 강제동원과 식민지 수탈의 구조와 내용은 충분히 전달하고 있는가?

2010년대 이후 역사 교과서 국정화 논란은 일면 진영 간의 싸움이었지만, 그 내용을 들여다보면 우리가 어떤 역사를 기억할 것인가를 둘러싼 철학적 충돌이었다. 기억은 권력이며, 기억을 선택하는 방식은 미래의 정체성을 결정짓는다.

광복 80주년인 지금, 우리는 사실 전달이라는 한계를 뛰어넘어, 비판적 사고와 공동체 정체성 형성의 장으로 역사를 재구성해야 한다. 일제 식민지 지배를 미화하거나, 침략을 '근대화'로 착각하게 만드는 역사 왜곡은 반드시 경계해야 한다.

정의를 위한 노력 – 친일 청산과 사법 정의

해방 이후 대한민국은 단 한 번도 체계적으로 친일 청산을 완수하지 못했다. 해방 직후 조선건국준비위원회와 미군정, 이승만 정부는 친일세력과의 협력을 통해 안정적 통치를 추구했고, 그 결과 '반민특위(반민족행위처벌법)'가 좌초되고 말았다.

2000년대 들어 '친일인명사전' 발간과 '진실·화해를 위한 과거사정리위원회' 등의 활동이 있었지만, 사회적 합의와 정치적 의지는 여전히 부족했다. 특히 강제징용과 위안부 피해자들에 대한 사법 정의는 여전히 미완의 과제로 남아 있다. 국내외 법정에서 일정 부분 판결을 얻어내기도 했지만, 아직도 상당수는 '망각과 침묵 속의 정의 실종' 상태다.

이제는 국가 차원에서 공식적 사과와 명예 회복, 역사 기록 정리, 그리고 법적·정책적 배상이 이루어져야 한다. 역사적 정의가 실현되지 않는 한, 대한민국은 진정한 민주공화국이라 할 수 없다. 물론 친일 청산이 정치적으로 악용되어서는 곤란하다. 한·미·일 군사협력 등의 현안을 마치 현대판 친일로 왜곡해서는 곤란하다. 우리가 말하는 것은 과거사에 관한 친일 청산임을 명심해야 한다.

일본과의 관계 - 과거를 직시할 때 미래가 열린다

일제 잔재 청산 문제는 앞으로 한일관계와도 밀접하게 연관돼 있다. 식민지배 역사에 관한 일본의 책임 인정 여부, 위안부 문제에 관한 공식사죄와 배상, 역사 왜곡 교과서 문제 등은 외교관계를 넘어 도덕적인 문제다.

과거의 정의가 바로 설 때, 진정한 화해와 신뢰가 가능해진다. 유럽의 독일은 홀로코스트와 나치 청산에 있어 철저한 반성과 책임을 보여줌으로써 국제사회의 신뢰를 얻었다. 한일관계도 그러한 기반 위에서 재정립되어야 한다. 경제 협력, 안보 연대, 문화 교류도 '기억 위의 협력'이 되어야 한다.

기억을 넘어 실천으로 – 미래 세대와 정의로운 역사 만들기

역사는 과거를 통해 현재를 비추는 거울이요, 미래를 위한 교과서다. 지금 우리가 일제 잔재를 청산하지 못한 채 살아간다면, 미래 세대는 왜곡된 역사관 위에서 잘못된 국가 정체성을 가질 공산이 크다.

지금 필요한 것은 실천적 역사 청산이다. 교육, 행정, 문화, 정치, 외교 등 모든 분야에서 식민의 유산을 분석하고 개혁해야 한다. 예를 들어, 공공 건축물이나 지명, 제도에 남아 있는 일제 명칭들을 재검토하고, 독립운동 정신을 기리는 시민교육과 기념공간을 활성화해야 한다. 학교 교육은 사실 전달은 물론, 비판적 역사의식과 인권 감수성을 길러주는 방향으로 나아가야 한다.

맺으며 – 청산 없는 미래는 없다

광복은 해방을 의미하고, 해방은 청산을 동반해야만 완성된다. 잔재를 청산하지 못한 해방은 반쪽짜리이며, 정의 없는 평화는 일시적일 뿐이다. 일제의 유산이 아직도 사회 구조 곳곳에 남아 있고, 피해자들이 여전히 '기억되지 못한 존재'로 남아 있는 한, 대한민국의 광복은 여전히 현재진행형이다.

광복 80주년은 반성하고 결단하는 계기가 되어야 한다. 정의로운 기억이 미래를 만든다. 그 기억 위에 우리는 진정한 통합과 자유, 그리고 자주를 이룰 수 있다. 청산 없는 미래는 없다. 이제는, 우리가 나서야 할 때다.

《칼럼 6》

근래 북한변화를 통일의 기회로 삼아야

6.25전쟁 이후 지금까지 남북한은 치열한 대치구조로 점철됐다. 정권에 따라 일시 관계가 개선되기도 했지만, 대개는 북한에 돈이나 물자를 제공하고 얻은 것들이었다. 특히 문재인 정부는 2018~2019년 남북·북미 정상회담을 통해 돌파구를 모색하고자 했다가, 북미 정상회담 실패로 협상은 교착 상태에 빠졌고, 문재인 대통령은 김여정으로부터 '삶은 소대가리' 소리를 듣는 수모를 겪기도 했다.

그러나 시간의 흐름을 거스를 수는 없는 법. 정체된 듯 보이는 시간에서도 변화의 기운이 싹트고 있다. 이는 북한 내부의 구조 변화와 국제정세의 재편, 남한 사회의 통일 인식 변화 등이다. 이제 남북 현실을 정확히 진단하고, 평화를 향한 새로운 전략적 상상력을 발휘해야 할 때다.

북한의 변화 – 폐쇄 속의 내부 진화

북한이 여전히 김정은 체제 중심의 수령 절대주의 체제를 유지하고 있기 때문에 외형으로 보면 그다지 변화가 없어 보인다. 하지만 내부를 들여다보면 크고 작은 변화들이 속속 감지된다.

첫째, 시장화의 확산이다. 1990년대 고난의 행군 이후 시작된 장마당은 지금까지도 북한 서민경제의 실질 기반이 되고 있다. 주민들은 국가 배급이 아닌 시장을 통해 생계를 이어가고 있으며, 이는 자본주의적 사고방식의 확산으로 점차 이어지고 있다.

둘째, 정보 유입이다. USB, DVD, 스마트폰 등을 통해 한국의 드라마, 음악, 뉴스 등 다양한 외부 정보가 유입되면서 젊은 세대가 체제에 의문을 가지는 등 과거와 전혀 다른 새로운 가치관이 싹트고 있다. 이는 한국의 실상을 제대로 인지하는 계기로 작용하고 있다.

셋째, 계층 간, 지역 간 격차다. 권력층과 일반주민 간의 빈부격차 확대로 뇌물이 일상화되었고 이는 곧 사회 불만으로 불거졌다. 거주 이전의 자유 제한으로 평양 시민만 특혜를 받고 사는 것도 작지 않은 저항을 부르고 있다. 그리고 이는 향후 체제 변화의 내적 동력이 될 가능성이 크다.

이러한 변화는 비록 느리긴 하지만, 북한 스스로가 변화의 압력에 직면하고 있음을 보여준다. 우리는 이를 정밀하게 읽어내야 하며, 기존의 일방적 인식에서 벗어나 주민 중심의 시선으로 북한을 바라봐야 한다.

핵 문제와 정전체제의 현실

북한 핵 문제는 한반도 평화의 가장 근본적인 장애물이다. 김정은 정권은 이미 핵을 국가의 생존수단으로 공식화했으며, 최근에는 전술핵무기와 고체연료미사일이 실전 배치 수준에 도달했다는 분석도 나온다.

여기에서 우리가 잊지 말아야 할 것은, 정전 상태가 70년 이상 지속되고 있다는 사실이다. 이는 아직도 한반도가 '전쟁 중'이며, 이는 국제법적으로도, 군사적 위협 측면에서도 매우 비정상이라는 의미다. 정전협정을 평화협정으로 전환하는 평화체제 구축은 절박한 현실이다.

남북은 물론, 미국·중국 등 관련국들과 함께 다자 평화 프로세스를 통해 이 문제를 해결해야 한다. 단계적 군축, 상호 불가침 합의, 평화조약 체결, 국제사찰 등을 통한 '안전한 비핵화' 로드맵이 필요하다. 이 과정에서 한국은 당사자이자 중재자로서 주도적 역할을 해야 한다.

남북관계의 재설계 – 정부 주도에서 민(民) 주체로

남북관계는 오랜 기간 정부 주도의 틀에서 벗어나지 못했다. 그러나 이제는 '민(民)의 시대'로 시민사회, 종교계, 교육계, 문화예술계, 청년세대가 중심이 되는 '민간 통일운동'으로의 확대가 절실하다. 일상 속의 통일 준비, 생활 밀착형 교류, 북한 주민에 대한 인도적 지원과 연대는 '작지만 강력한 평화의 토대'가 될 수 있다.

특히 북한 이탈주민과의 공존과 통합 정책은 통일의 훈련장이자, 향후 남북통합의 실험장이라 할 수 있다. 그들의 경험과 시선은 통일 이후를 준비하는데 있어서 매우 중요한 인사이트를 제공한다. 또한 청년세대에게 통일은 과거의 의무가 아닌, 미래의 기회로 다가가야 한다. 경제협력, 한반도 공동체 비전, 동북아 플랫폼 전략 등을 통해 통일을 '실현가능한 미래 프로젝트'로 제시되어야 한다.

국제 협력의 재정비 - 신냉전 시대 속 전략적 외교

미중 전략 경쟁이 격화되고 러시아·우크라이나 전쟁, 대만해협 위기 등 국제질서가 격동하는 가운데, 한반도 평화는 더 이상 한반도만의 문제가 아니다. 미국, 중국, 일본, 러시아 등 이해당사국들과의 전략적 외교가 다시 중요해지고 있다.

특히 미중 사이에서의 균형 외교, 한·미·일 안보 협력 속에서의 자주적 주도권 확보, 북한 비핵화 로드맵과 인도적 지원의 연계, UN 및 국제사회와의 공조체계 강화는 평화 프로세스의 핵심 요소다. 한국이 '평화의 중추국가'로 자리매김하기 위해서는 외교력과 설득력, 그리고 주도적 신뢰가 필요하다.

맺으며 - 평화는 삶의 방식

대한민국과 국제사회가 변하듯 북한도 변하고 있다. 그러나 한반도의 시간은 여전히 정지된 듯한 착각을 준다. 북한이 아무런 변화가 없는 것처럼 여겨진다. 그럴수록 우리는 '평화와 통일이 가능하다'는 희망을 가져야 한다. 평화통일이야말로 대한민국 미래의 가장 큰 희망임을 알아야 하고, 알려야 한다. 그것은 이상이 아니라, 생존전략이어야 한다.

광복 80년, 우리는 분단을 넘어 평화의 시대, 통일의 여정을 향한 새 출발선 위에 있다. 북한의 변화를 기회로 삼아 정전체제를 평화체제로 전환하자. 민간 중심의 교류와 국제협력을 통해 '실천하는 평화'를 만들

자. 평화는 말이 아니라 삶의 방식이다. 그리고 그 길은 오늘 우리의 선택에서 비롯된다.

《칼럼 7》

미래 주역 청년, 역사를 해석하고 창조해 낼 수 있어야

2025년이 광복 80주년이지만, 대한민국의 청년세대의 체감온도는 그다지 높지 않은 게 현실이다. 해방과 분단, 전쟁과 독재, 민주화와 산업화 등 모든 역사적 사건은 그들에게 교과서 속 '과거'일 뿐이다. 2000년대 이후에 태어난 Z세대, 1990년대 태어난 M세대는 광복과 독립운동에 관한 감정 공감에 상당한 거리가 있다.

중요한 사실은 이런 기억의 단절이 미래 공동체의 정체성 위기로 작용할 수 있다는 점이다. 왜냐하면 청년세대의 시각과 감수성, 글로벌 시민의식이 향후 80년을 이끌 주체이기 때문이다. 실태가 이러하다면, 우리는 어떡할 것인가? 어쩔 수 없는 일이라고 방치할 것인가, 아니면 이들에게 역사를 인식시키고 통일운동에 동참시킬 것인가? 참으로 중대한 문제가 아닐 수 없다.

청년 눈에 비친 '광복'과 '분단'

청년세대에게 광복은 전혀 '감동' 사건이 아니다. '조부모님 세대 이야기', '시험을 위한 암기 대상', '편히 쉬는 공휴일' 등의 이미지가 더 강하다. 분단 역시 일상에서 거의 체감할 수 없는 추상이나 관념에 가깝다. 그들에게 북한은 '공포의 대상'이 아니라 뉴스에서나 보고 들을 수 있는

'이질적 존재'로 비친다. 통일에 대해서도 '현실성 없는 이상론'이거나 '되거나 말거나 관심 없는 사안'으로 간주된다.

실제 청년을 대상으로 한 통일에 관한 여러 여론조사를 보면, "통일이 꼭 필요하지 않다"는 응답이 50%를 넘는 경우가 있다. 이런 대답을 하는 이유로는 통일비용에 대한 부담감, 북한에 대한 불신, 분단 상태가 더 익숙한 현실 등의 판단이 작용했겠지만, 이것보다는 '통일이 나랑 무슨 관계인가' 하는 공동체 정신 결여가 바탕에 깔려 있기 때문일 것이다.

역사 교육의 한계 - 암기에서 공감으로

청년세대의 역사의식 결여는 기존 교육의 한계에 기인한다. 왜냐하면, 역사교육이 연대기 중심, 시험성적 중심, 암기 중심의 구성을 벗어나지 못했기 때문이다. 이와 함께 광복과 독립운동, 민주화 역사에 관해 '정치화된 교과서'에서 '누가 더 옳은가'를 가르치는 방식에 치중한 탓이기도 하다.

하지만 이제는 공감과 체험, 토론 중심의 역사교육으로 전환해야 한다. 청년들이 역사를 '지금, 여기'의 문제로 인식하게 해야 한다. 그러려면 독립운동가의 삶, 분단으로 갈라진 가족 이야기, 민주화 세대의 선택과 희생을 청년 스스로의 언어와 방식으로 재해석할 기회를 제공해야 한다. 그리고 지금 우리가 내리는 선택이 국가 운명을 좌우하는 역사적인 사건일 수 있음을 알려주어야 한다.

또한 디지털 기술을 활용한 VR 역사 체험관, 메타버스 기반 역사 교육 플랫폼, 유튜브나 SNS 콘텐츠 등 청년들이 익숙한 채널을 통해 '살아있는 역사'를 학습할 수 있는 기회를 제공하는 것도 매우 유용하다 할 것이다.

글로벌 시대의 청년 정체성 – 과거와 미래의 교차점에 서다

오늘날 청년세대는 한국인인 동시에 세계시민이다. 과거와 달리 이들은 유학, 여행, 디지털 교류 등을 통해 다양한 가치와 문화를 경험하며 살아간다. 그렇기에 과거와 같은 민족주의 접근보다 보편 가치 중심의 역사서술이 더 설득력을 가진다. 예컨대, 광복은 인권회복과 식민지저항의 역사로 재조명할 수 있고, 통일은 남북의 재결합이자 평화인권의 실현, 세계평화 모델구축이라는 시각에서 접근할 수 있다.

청년들은 사회 정의, 기후 위기, 디지털 권리 같은 새로운 가치에 아주 민감하다. 따라서 '과거의 역사'를 '현재의 문제'로 연결시키는 교육과 담론이 필요하다. "역사 속의 당신이라면 어떻게 행동했을 것인가?"라는 끊임없는 질문은 과거와 현재를 연결하는 강력한 방법이 될 수 있다.

청년 통일운동과 역사 실천 – 참여로 기억을 완성해야

청년들이 역사에 무관심하다는 주장은 반은 맞고, 반은 틀리다. 상당수 청년들이 정치 사건이나 정의로운 행동에 매우 민감하게 반응하기 때문이다. 또한 '공감할 수 있는 가치'를 중심으로 적극 참여를 보여주기 때문이다. 이들에게 제대로 된 역사교육을 시킨다면 장차 통일운동의 진정한 선구자로 나설 수 있을 것이다.

청년세대가 통일운동의 선구자가 되는 길은 청년 통일리더 양성, 남북 청년 포럼, 북한 이탈주민과 교류, 디지털 역사 콘텐츠 제작, 해외 청년들과 공동평화 프로젝트 등에 참여하는 방식으로 얼마든지 제시될 수 있다. 또한 대한민국이 걸어온 독립과 민주주의 여정을 글로벌 청년 담론에 소개하는 프로젝트, 예컨대 UN 청년포럼이나 세계 시민교육 플랫폼에 '대한민국 역사 모델'을 국제적으로 자산화하는 시도도 가능하다.

맺으며 – 기억의 계승자에서 미래의 창조자로

청년은 역사를 계승하는 존재다. 하지만 역사는 '잊지 말자'라는 구조만으로는 계승되지 않는다. 역사 속 기억을 해석하고 창조해 낼 수 있어야 한다. 그러려면 공감, 참여, 실천, 확산이라는 네 가지 키워드를 중심으로 우리가 청년과 함께 광복의 정신을 이어가야 한다. 그들의 시선으로, 그들의 언어로, 그들의 방식으로 다음 80년의 새로운 역사를 함께 써 내려가야 한다. 기억은 사라지지만, 기억을 이어가는 사람은 살아 있다. 그들이 바로 대한민국의 청년들이다.

《칼럼 8》

심각한 국내 갈등, 정체성 회복만이 답

광복 80주년을 맞이한 대한민국은 그 어느 때보다 풍요롭고 자유롭다. 국제사회에서도 경제적으로나 문화적으로 커다란 성취를 이뤄냈다. 그러나 이런 외적인 성장의 이면에서 자유민주주의 대한민국은 심각한 정체성 혼란을 겪고 있다.

"우리는 누구인가?"
"우리나라는 어떤 나라인가?"

이런 질문 앞에서 보면 한국 사회는 이념 갈등, 세대 간 분열, 지역·계층 간 불신으로 인해 크게 흔들리고 있다. 해방 이후 어렵게 지켜온 대한민국이 불투명한 정체성에 휘둘리는 것은 매우 심각한 문제다. 이제 우리는 대한민국의 존재 이유, 역사 가치, 미래 비전을 다시 묻고, 공통의 정체성 회복에 나서야 한다.

분열의 시대 – 대한민국을 갈라놓는 힘들

정체성 위기는 추상 담론이 아니다. 그것은 일상에서의 갈등과 배제, 단절과 혐오로 구체화된다. 보수와 진보, 수도권과 지방, 586세대와 MZ 세대, 기득권과 청년, 남성과 여성, 진영과 진영 사이의 끝없는 대립으로 인한 피로감은 대한민국을 어지럽히고 있다.

게다가 정치권은 이 갈등을 이용해 이득을 취하고, 언론은 이를 자극적으로 충동시킨다. '공통의 가치', '공동체 서사', '함께'라는 언어는 갈수록 사라지고, '내 편'과 '네 편'으로만 갈린다. 이런 상황에서 대한민국 공동체가 과연 하나의 목표와 꿈을 공유할 수 있을까?

정체성의 위기는 단지 "누구냐?"라는 물음이 아니라, "함께 살 수 있는가?"라는 생존의 질문이다. 이 질문에 답하지 못한다면, 대한민국은 외형 국가로는 존속하더라도, 공동체로서의 기능은 크게 약화할 것이다.

대한민국의 근본 가치 - 헌법과 역사 속 정체성

대한민국의 정체성은 헌법과 역사에 명확히 기록되어 있다. 헌법 제1조는 '대한민국은 민주공화국'임을 선언하고, 제10조는 인간의 존엄과 가치, 행복추구권을 보장하고 있다. 또한 우리는 자유민주주의와 시장경제, 평화통일을 국가 이념으로 삼고 있다.

이런 가치들은 일제 식민지배와 독립운동, 분단과 6.25전쟁, 민주화투쟁과 산업화 과정을 거치면서 흘린 우리의 피 땀 눈물의 역사 위에 세워진 것이다. 그런데 위대한 이 가치들이 정파 해석에 따라 엇갈리고 있다. 자유를 말하면 보수라 하고, 평등을 말하면 진보라 여긴다. 평화통일은 현실감이 떨어지고, 공동체정신은 시대착오 즈음으로 간주되기 일쑤다.

광복 80주년인 2025년. 통일을 꿈꾸는 우리는 대한민국의 정체성을 다시 말해야 한다. 그것은 역사 경험의 총체이자 미래의 기준점이기 때문이다. 대한민국은 단지 영토를 의미하는 게 아니라 국민의 자유, 정의, 평화, 공동체라는 공통가치 실현을 의미하는 것이다.

정체성 회복을 위한 해법 - 교육, 문화, 사회적 합의

정체성 위기를 극복하는 첫걸음은 공통된 '이야기'를 되살리는 것이다. 우리가 어디서 왔고, 어떤 시련을 겪었으며, 무엇을 지키고자 했는지 공유하지 않으면, 우리는 더 이상 '함께'일 수 없다. 이를 위해 가장 중요한 것이 교육과 문화다.

역사 교육은 과거 사건을 통해 정체성이 뿌리내리는 과정이어야 한다. 이념 논쟁을 넘어서, 공통의 기억과 경험을 전달하는 교육이 필요하다. 또한 드라마, 영화, 문학, 전시, 기념사업 등을 통해 국민의 감정과 인식 속에 '대한민국다움'을 새롭게 각인시키는 작업이 절실하다.

무엇보다 정치와 언론, 종교, 시민사회가 이 정체성 회복을 위한 사회적 합의 형성에 나서야 한다. '자유와 평등은 대립이 아니라 보완' 관계임을, '민주주의와 공동체 정신은 함께 가야 할 가치'임을 인정하고 대화와 타협, 포용과 연대를 통해 통합적 정체성 모델을 제시해야 한다.

통일 정체성과 대한민국의 미래

광복 80주년인 2025년 통일을 꿈꾸고 말하는 지금, 우리가 말하는 '정체성'은 단지 대한민국만의 문제만이 아니다. 우리는 남북분단 상황에서 단절되고 분리된 민족 정체성을 경험했다. 따라서 통일 이후 정체성은 '잃어버린 절반의 자아'를 되찾는 과정인 것이다.

북한은 주체사상, 1인 우상화 체제 아래 왜곡된 민족 정체성을 갖고 있지만, 그들은 언어와 역사, 문화를 가진 우리 민족의 또 다른 얼굴이요 이름이다. 우리가 통일을 말할 때 반드시 유념해야 할 주제가 민족의 기억과 정체성을 하나로 다시 세우는 과정이라는 의미다. 그리고 그 중심에는 대한민국이 지켜온 자유와 민주주의, 공동체 가치가 충분히 녹아들어야 한다는 것이다.

통일 이후 정체성은 남북의 얼룩을 정제하고, 갈등을 극복하는 과정에서 새로운 '한민족 국가 정체성'을 만드는 창조 통합이 될 것이다. 대한민국이 통합의 '기본 모델'을 먼저 확립해야 한다.

맺으며 – 정체성은 질문이고, 실천이다

정체성은 '있는 것'이기도 하지만 '만들어가는 것'이기도 하다. 끊임없이 질문하고, 삶 속에서 실천하며, 시대에 걸맞게 갱신되어야 한다. 우리는 누구인가? 대한민국은 어떤 나라여야 하는가? 이 질문에 국민 모두가 스스로 답하고, 그 답을 공유할 수 있을 때, 우리는 진정한 의미의 국가 공동체로 거듭날 수 있다.

광복 80주년, 대한민국은 다시금 '정체성의 기로'에 서 있다. 갈등을 넘어 화합으로, 분열을 넘어 통합으로 나아가는 국민 각성과 사회 합의가 절실하다. 그것이 곧, 대한민국의 향후 80년을 결정지을 가장 중요한 열쇠이기 때문이다.

《칼럼 9》

20년 뒤 광복 100주년 설계 서둘러야

일제로부터 해방된 지 80주년을 맞이한 2025년. 대한민국은 한강의 기적을 통한 초고속성장을 이루면서 세계 이목을 집중시켰다. 하지만, 우리는 여전히 많은 해결과제를 떠안고 있다. 공동체로서 국민 간 갈등과 분열을 치유해야 하고, 분단된 조국을 하나로 통일해야 하는 절체절명의 과제를 목전에 두고 있다.

향후 20년, 그러니까 광복 100주년이 되는 2045년까지 우리의 행보는 대한민국의 향후 100년을 좌우할 것이다. 우리가 남북통일을 달성하고, 경제·문화·외교로 세계 앞에 우뚝 서는 민족이 될 것인지, 타오르다 꺼져가는 불행한 나라가 될 것인지 앞으로 20년이 말해준다는 뜻이다. 따라서 향후 20년은 대한민국이 미래 모습을 어떻게 설계했는지 후손과 세계에 증명해야 하는 시기다.

왜 100주년을 준비해야 하는가? - 상징이 아닌 실천의 시간

앞날을 예측하고 미래를 준비하는 나라는 지속적으로 번영하지만, 이를 허술하게 준비한 나라는 국운쇠락의 나락(奈落)으로 떨어지게 마련이다. 이는 우리 역사뿐만 아니라 세계 역사에서 무수히 보아온 터다. 2045년이면 일제강점기 해방 100주년이다. 향후 20년이 앞날을 예측하고 준비하는 기회가 되려면 어찌해야 할 것인가?

해방 100주년이 갖는 의미는, '해방'이라는 역사적 사건이 완전한 결실을 맺는지 평가받는 시점이기 때문이다. 나아가 진정한 자주와 주권, 통일과 공동체, 평화와 정의를 실현해야 하기 때문이다. 2025년 현재 우리 현실은 녹록지 않다. 복잡한 국제정세, 고도화된 분단구조, 내부갈등과 분열, 사회양극화, 청년세대 미래불안 등 숱한 과제를 떠안고 있다. 광복 100년을 향한 준비가 시급한 이유다.

광복 100주년, 국가 비전의 4대 축

1) 통일을 향한 실질적 준비

광복의 완성은 통일이다. 그러나 통일이 구호에 머물러서는 안 된다. 통일은 정책과 제도를 어떻게 마련하는가의 문제다. 통일을 위한 헌법개정 논의, 남북한 교류·협력 인프라 구축, 이질화된 체제통합 가능한 법제도 시스템 구축, 교육과 문화의 공감대 형성 등 '선(先)제도, 후(後)통합' 전략이 필요하다.

2) 지속가능한 경제·복지·기후 시스템

단순한 성장만으로는 국민 삶의 질을 담보할 수 없다. 경제 번영과 사회 공정성, 기후 대응과 환경 지속성을 함께 담아낼 수 있는 미래형 국가 모델이 있어야 한다. 디지털 전환, 인공지능, 생명과학, 에너지 혁신 등 미래 산업의 주도권 확보는 물론, 공정한 기회와 안전망 강화도 병행해야 한다.

3) 세계 속 한국, 글로벌 리더국가 전략

광복 100주년은 한국이 글로벌 의제에 선도적으로 참여하는 책임국가로 자리매김하는 시점이 되어야 한다. 기후 위기, 팬데믹, 난민, 빈곤, 디지털 격차, 전쟁과 평화 같은 인류 공통의 문제를 해결하기 위한 지구연대 중심국가가 되어야 한다. 유엔과 G20, OECD, 글로벌 시민사회와 협력하며 한국형 글로벌 모델을 만들어야 한다.

4) 문화·교육·가치 기반의 정체성 회복

광복 100주년의 핵심은 '누구로 살 것인가'에 대한 국민으로서의 자기 확립이다. 국가의 역사, 문화, 교육, 언어, 공동체 의식에 대한민국다운 정체성을 심어야 하며, 보편가치와 한국가치의 조화를 이루는 교육·문화 정책이 필요하다. 통일 이후의 문화 통합, 이민자와 다문화 시대의 사회 통합 문제도 함께 대비해야 한다.

청년과 미래세대를 위한 2045년 설계

2045년 대한민국의 주역은 지금의 청년과 어린이들이다. 그들은 해방을 경험하지 못했고, 통일 당위성도 느끼지 못한다. 이들이 어떤 국가에서 살게 될 것인가는 지금 우리 설계에 달려 있다.

청년들에게 광복 100주년은 기념이 아니라 기회의 해가 되어야 한다. 그러려면 더 나은 일자리, 더 공정한 사회, 더 의미 있는 삶의 방향을 제시할 수 있는 정책이 필요하다. 교육개혁, 주거안정, 창업과 창작지원, 글로벌 진출의 통로 마련 등을 통해 미래 설계의 가능성을 열어야 한다.

또한, 청년이 통일과 역사에 관심을 갖도록 하려면 과거기억보다 미래 비전으로 접근해야 한다. 한반도 공동경제구역, 동북아 평화플랫폼, K-컬처 글로벌네트워크 등으로 청년의 상상력을 자극할 수 있어야 한다.

'2045 선언'이 필요하다 – 국민 합의형 미래 국가계획

광복 100주년을 위한 국가 비전은 일회성 이벤트가 되어서는 안 된다. 정치권, 시민사회, 학계, 기업, 청년, 문화계가 함께하는 '2045 대한민국 비전 위원회'를 구성해야 하고, 이를 바탕으로 국가 차원의 '2045 선언'을 발표해야 한다.

이 선언에는 향후 20년을 향한 중장기 목표와 과제, 실행 로드맵을 담아야 하며, 헌법 가치에 기반한 통일·평화·공존·도약의 방향을 국민합의로 정립해야 한다. 독일의 '2030 비전 전략', 싱가포르의 '스마트 네이션 전략'처럼, 대한민국만의 미래 설계 지도가 필요하다.

맺으며 – 100주년의 광복, 미래를 위한 약속이 되려면

진정한 광복은 우리가 미래를 어떻게 준비하는가에 따라 완성된다. 2045년, 대한민국은 경제강국이나 K-콘텐츠중심국을 뛰어넘어 평화와 정의, 창조와 공존의 나라로 기억되어야 한다.

광복 100주년은 역사의 마침표가 아니라, 미래의 느낌표가 되어야 한다. 향후 20년은 우리가 국가의 운명을 다시 설정할 수 있는 기회다. 우리에게 필요한 것은 결단과 상상력, 그리고 실천이다. 2045년, 우리 아이들이 '대한민국에 태어나서 자랑스럽다'고 말할 수 있도록. 지금 우리는 광복의 정신으로 미래를 설계해야 한다.

《칼럼 10》

이념 대립을 넘어 공존의 철학으로

광복 80년을 맞이한 대한민국이 안고 있는 가장 심각한 문제는 여전히 이념 갈등의 그림자에서 헤어나지 못한다는 것이다. 해방 이후 좌우대립, 분단과 전쟁, 군사정권과 민주화 투쟁을 거쳐 오면서 이념 대립구조는 형태만 바뀐 채 우리 사회를 지배하고 있다.

보수냐 진보냐, 애국이냐 종북이냐, 민족주의냐 자유주의냐 하는 이념 갈등구조는 정치권부터 언론, SNS에 이르기까지 우리 삶의 전 영역을 지배하면서 국민 통합의 걸림돌이 되고 있다. 이제 대한민국은 "이념을 넘어서야 한다"는 막연한 주장에서 벗어나, 공존가능한 '보편가치 정립'이라는 실천 자세로 나아가야 한다.

왜 우리는 여전히 갈등하는가 - 이념의 역사 뿌리

해방 이후의 한국 사회는 극단적인 정치 환경에서 출발했다. 일제강점기 잔재 청산, 미·소 점령 통치, 남북 분단, 그리고 6·25 전쟁은 한국 사회에 '이념=생존'의 구조를 만들었다. 좌익은 공산주의자로 몰리고, 우익은 독재의 명분으로 쓰였다. 이후 군사정권 시절에는 이념이 곧 통치의 도구가 되었고, 민주화 이후에도 정치 레토릭(수사, rhetoric)은 이념 대립을 통해 결집력을 얻었다.

문제는 이 대립구도가 시민의 삶을 분열시키는 구조로 고착되었다는 점이다. 사안의 옳고 그름이 아니라, 누가 말했는가에 따라 판단이 갈리고, 합리적 토론보다 감정적 비난이 우선됐다. 이는 정치 극단화, 사회 양극화, 공동체 해체를 초래했다.

보편가치의 필요성 - 대립을 넘어서는 기준

보편가치란, 특정 이념이나 정파에 속하지 않고 모든 인간과 사회가 공유할 수 있는 윤리·철학 기준이다. 예컨대 자유, 평등, 인권, 생명, 공동체, 정의, 평화, 연대, 책임 등은 좌우 어느 쪽에서도 배척할 수 없는 가치다. 우리는 이러한 가치 위에서 이념을 포용하고, 대화를 시작할 수 있어야 한다.

보수는 '자유와 안보'를, 진보는 '평등과 정의'를 강조하지만, 이들은 서로 배타적인 것이 아니다. 자유 없는 평등은 억압이고, 정의 없는 안보는 폭력이다. 대한민국은 '자유민주주의'를 국가 이념으로 삼고 있으며, 이는 자유와 민주, 권리와 책임, 다양성과 공존을 함께 포함하는 개념이다.

따라서 우리는 '보편가치에 중심을 둔 공론장'을 사회 전반에 확산시켜야 한다. 교육, 언론, 문화, 정치, 종교 모두가 이 보편가치를 공유하고, 시민들이 이를 기준으로 스스로 판단하고 토론할 수 있도록 해야 한다.

통합 실천을 위한 해법 - 통합 언어, 시민 토론, 교육 혁신

1) 통합 언어 만들기

정치권과 언론, SNS는 갈등을 조장하는 용어 사용을 자제하고, 갈등 완화 언어, 공감 언어, 미래 지향 언어를 통해 공론장을 형성해야 한다. '좌파', '수꼴', '꼴통', '종북' 같은 표현은 공론을 파괴하는 혐오 언어일 뿐이다.

2) 시민 중심 토론문화 확산

지방자치단체나 교육기관, 시민단체를 중심으로 주제별 시민숙의 포럼, 다양성 토론회, 세대 간 대화 프로그램을 활성화해야 한다. 민주주의는 다름을 인정하고 함께 해법을 찾아가는 과정임을 체험토록 해야 한다.

3) 보편가치 중심 교육 혁신

초·중·고 교육과정에 '시민교육', '윤리교육', '인권교육'을 체계화하고, 대학에서는 '공공 철학', '갈등관리', '통합리더십' 등을 필수 교양으로 제도화해야 한다. 이념보다 먼저 사람, 공동체, 생명, 평화의 가치를 심어야 한다.

통일 시대를 위한 철학 - 민족 공동체와 보편 윤리 결합

통일은 이념 문제이기도 하지만, 민족 공동체 회복이며, 인권과 평화 실현이다. 그러나 남북은 70년 넘게 서로 다른 이념과 체제에서 살아왔기에, 통일 이후 정체성 충돌은 피할 수 없다.

따라서 우리는 통일 이후를 대비한 보편가치 체계를 서둘러 정립해야 한다. 북한 주민들과 공유할 수 있는 인간 기본권, 생존과 자유, 공동체 책임, 상생과 화해 원칙을 올곧이 세워야 한다. 통일은 제도통합을 넘어선 가치통합, 철학융합이기 때문이다.

맺으며 – 보편가치로 시대를 넘어야

이념은 사람마다 지역마다 국가마다 다를 수 있다. 생각도, 삶의 방식도 마찬가지다. 남북통일 시대를 우리는 함께 살아야 한다. 여기 '함께'의 중심에 바로 보편가치가 있어야 한다. 그것은 대한민국을 하나의 공동체로 유지하는 최소한의 철학이다.

광복 80주년을 맞아 다시 묻는다. 이념으로 갈라선 이 사회를 어떻게 회복할 것인가? 답은 간명하다. 보편가치를 중심으로 서로의 다름을 인정하고, 공존을 실천하는 국민 공동체를 만들어가는 것이다. 그것이 진정한 광복 완성이며, 대한민국 미래를 여는 지혜다.

《칼럼 11》

문화는 국격의 상징이자 정체성의 축

'문화 시대'. 이 말은 더 이상 수사가 아니다. 21세기는 단순한 군사력이나 경제력만으로 국가 영향력이 결정되지 않는다. 문화 감수성과 상상력, 보편가치와 정체성을 담은 '소프트파워'가 세계질서를 이끄는 핵심 동력이다. 대한민국은 바로 이 흐름 속에서, 문화의 힘으로 세계인의 마음을 사로잡으며 '문화강국'으로 자리매김하고 있다.

BTS, 기생충, 오징어게임, 블랙핑크, 한국음식, 웹툰, 전통한복, 한글…. 이른바 'K-컬처'는 어느덧 세계인 일상과 감성에 깊이 스며들었다. 이 흐름이 일시 유행에 머무르지 않으려면 문화주권에 대한 철학과 전략, 문화강국으로서의 자의식과 책임이 함께 확립되어야 한다.

광복 이후 문화 회복 여정 – 잃어버린 뿌리를 찾다

일제강점기 동안, 우리 문화는 철저히 억압당하고 말살되었다. 말과 글을 빼앗기고, 역사와 정체성이 왜곡됐으며, 정신세계조차 '황국신민'이라는 이름으로 지배당했다. 따라서 해방은 정치 독립임과 동시에 문화 회복이었다.

광복 이후 한국은 빠르게 전통문화를 복원하고, 교육과 예술을 통해 정체성을 되찾았다. 특히 1970년대 이후에는 대중문화가 급속히 발전하면서, 영화·음악·문학 등 여러 분야에서 한국인의 서사와 감성이 되살아났다. 그리고 2000년대 세계를 향한 문화 수출이 본격화하면서, 한류(K-wave)는 지구촌의 선 굵은 문화현상으로 자리 잡았다. 이것은 '흥행성과'이기도 하지만, 일제에 의해 단절되었던 우리문화의 흐름을 되살려 세계와 소통한 사례라는 점에서 역사적 의미가 깊다.

K-컬처의 확장과 과제 – 콘텐츠에서 정체성으로

오늘날 한국 문화는 다양한 플랫폼을 통해 전 세계로 전파되고 있다. 스트리밍 서비스, SNS, 온라인 팬덤, 글로벌 공연장 등은 K-컬처의 확산을 가속시켰다. 여기서 중요한 점은 '콘텐츠 소비'를 넘어 문화강국으로 자리매김하는 일이다. 이제 우리는 이런 질문을 해야 한다. 우리는 문화를 통해 어떤 메시지를 전하고 있는가? 어떤 정체성을 표현하고 있는가?

BTS의 음악이 감동을 주는 이유는 단지 멜로디 때문만이 아니다. 청춘의 고뇌, 사회 비판, 자기 사랑의 깊은 철학을 담고 있기 때문이다. <기생충>이 아카데미상을 휩쓴 이유는 한국 현실을 세계 언어로 표현했기 때문이다. 문화는 시대감정이며, 국민정신이다.

우리가 세계에 알리는 'K-정신'이란 과연 무엇일까? 그것은 전통계승과 현대창조, 공동체성과 자율성, 한(恨) 감성과 흥(興) 에너지, 자유와 평화, 공존과 생명 가치다. 한국 문화가 세계에 전하고자 하는 정신 메시지를 잘 정립할 때, 우리는 진정한 문화강국으로 도약할 수 있다.

문화주권과 공정한 생태계 구축

문화강국은 '콘텐츠 생산'만으로는 지속되지 않는다. 문화주권 기반이 있어야 한다. 이는 곧, 창작자들이 존중받고, 다양한 문화가 공존하며, 공정한 유통과 소비가 이루어지는 지속가능한 문화 생태계를 의미한다.

예술인 복지, 저작권 보호, 지역문화 균형, 비주류 예술 지원, 문화다양성 보장, 학교 문화교육 확대 등은 모두 문화주권 실천 영역이다. 문화는 민주주의와 평등, 다양성과 포용이 살아 숨 쉬는 공간이어야 하며, 이를 위한 정책 뒷받침이 필수다.

또한 지역의 고유문화를 발굴하고, 전통과 현대를 연결하는 융복합 콘텐츠를 육성하며, 세대 간·계층 간 문화 향유 격차를 해소해야 한다. 문화는 모두의 권리이며, 모두가 만들어가는 사회 자산이다.

문화 외교와 평화 전략 - 콘텐츠를 넘어 가치로

K-컬처는 이제 대한민국 대표 공공외교 자산이 되었다. 한국을 알리는 데 가장 효과적인 수단이며, 문화적 공감대를 통해 국제 신뢰와 우호를 형성하는 도구로 자리 잡았다. 이제 한국은 하드 파워와 소프트 파워를 조화롭게 결합한 외교 전략을 펼칠 수 있게 됐다.

특히, 남북관계와 통일 이슈에서도 문화는 중요한 평화 다리가 될 수 있다. 언어와 예술, 민속과 의식주, 감정과 기억이라는 공통분모는 정치보다 빠르게 남북 거리를 좁힐 수 있는 힘을 지녔다. 나아가 K-컬처를 통한 국제사회와 연대는 한반도 평화 프로세스를 위한 지지와 공감대 형성에 듬직한 토대가 될 수 있다.

맺으며 – 문화는 국격이자 미래

광복은 말과 글, 노래와 춤, 얼굴과 몸짓, 마음과 정신을 되찾은 사건이다. 그것은 정치독립임과 동시에 문화회복이자 정신자각이었다. 그로부터 80년, 우리는 이제 문화를 통해 세계를 만나고, 미래를 이야기하고 있다.

문화는 단순한 산업이 아니다. 그것은 국격의 상징이자, 정체성의 축이며, 통일과 평화를 준비하는 아주 널따란 길이다. 대한민국이 진정한 문화강국이 되기 위해서는 콘텐츠 수출을 넘어, 가치와 정신, 철학과 인간을 품은 문화정책이 필요하다. 광복 80주년, 문화는 해방의 완성이자 미래의 창조다.

《칼럼 12》

재외동포는 민족 공동체 연결고리

광복 80주년을 맞이한 대한민국은 전 세계에 뿌리내린 750만 재외동포와 함께 살아가야 하는 글로벌 한민족공동체로 성장했다. 재일동포, 재미동포를 비롯해 중앙아시아, 유럽, 동남아, 남미에 이르기까지 190개국 이상에 흩어져 있는 우리 동포들은 한민족 정체성을 지닌 세계 시민이다.

우리는 그들을 대한민국 미래를 함께 설계할 '공동 주체'로 예우해야 한다. 이들의 네트워크와 영향력이 통일시대 한반도의 통합과 평화, 대한민국 위상 제고에 결정적 역할을 할 수 있기 때문이다.

이산(離散)의 역사, 디아스포라의 힘

재외동포의 역사는 이산과 생존, 정체성과 투쟁 역사이면서 동시에 한민족 확장 가능성과 융합 가능성을 보여주는 실험장이었다. 일제강점기 시절 하와이와 만주, 블라디보스토크로 이주했던 동포들은 독립운동을 전개하면서 국제사회에서 광복 기반을 다지는데 큰 보탬이 되었다.

해방 이후 이들은 정착지에서 교육, 경제, 문화 활동을 통해 '한국인의 자긍심'을 지킨 민간 외교관 역할을 수행했다. 최근에는 정치인, 학자, 예술가, 기업인 등 글로벌 리더로 성장한 재외동포들이 본국과의 연결을 통해 글로벌 한민족 네트워크를 구축해가고 있다.

통일 시대, 재외동포의 전략적 가치

재외동포는 잠재된 통일 촉진자다. 그들이 가진 국제 감각, 다문화 경험, 현지 네트워크, 자본과 전문성은 남북 간 경제 협력, 통일 이후 글로벌 파트너십 구축, 문화 정체성 통합에 있어 매우 중요한 자산이다. 특히 다음과 같은 분야에서 재외동포는 실질 역할을 수행할 수 있다.

1) 국제 여론 형성과 외교 지원 - 북한 인권, 평화 프로세스, 통일 정당성 등에 대한 글로벌 캠페인과 로비, 국제기구와 연대 활동에 재외동포 네트워크는 매우 효율적일 수 있다.
2) 통일 경제 기반 구축 - 재외 기업인들의 자본과 경험은 북한개발과 남북공동경제구역 조성에 핵심 동력이 될 수 있으며, 현지 투자자들과 연결고리도 마련할 수 있다.
3) 문화와 정체성의 가교 역할 - 해외에서 자란 다문화 감수성을 지닌 동포들은 남북 문화통합 과정에서 상호이해와 정서연결을 촉진하는데 아주 중요한 촉매제 역할을 할 수 있다.
4) 청년세대 통합 플랫폼 구축 - 재외 한인 청년과 한국 청년세대가 함께 하는 '글로벌 코리안 청년 캠프', 스타트업 창업 협력, 통일 아카데미 등을 통해 한민족 미래세대 교류와 협력 기회를 확대해야 한다.

현재 과제 - 법과 제도 정비

여전히 재외동포 정책은 미비하거나 단절상태다. 국적법, 선거권, 체류권, 교육지원, 병역, 사회보장 등 다양한 분야에서 제도 한계와 차별 인식이 존재하며, 일관된 통합 정책보다는 부처별, 사건별 대응이 반복되고 있다.

정부가 이를 보완하기 위해 '재외동포청'을 출범하는 등 노력을 기울였지만, 아직도 재외동포를 '정책 대상'으로 바라보는 한계에서 벗어나지 못하고 있다. 이제는 동포를 주체로 인정하고, 공공 거버넌스 동반자로 설정해야 하며, 이를 위한 헌법 지위와 법 근거 정비, 예산 확충, 통일 대비형 협력 플랫폼 구축에 나서야 한다.

새로운 비전 - 글로벌 한민족 공동체를 향하여

광복 100주년을 향해 가는 길목에서, 대한민국은 글로벌 한민족 중심국가로 자리매김해야 한다. 이를 위해 국내 민족 정체성과 함께, 해외동포의 다양한 문화·생활 차이를 공존과 상생 자산으로 활용하는 철학이 필요하다.

코리안 디아스포라를 한국 정체성 확장의 한 축으로 재정의하고, 재외동포 스스로가 참여하는 글로벌 포럼, 문화제, 정책협의체, 미래전략 위원회를 통해 다양성과 통합, 세계성과 민족성이 어우러지는 '21세기 한민족 공동체 비전'을 수립해야 한다.

맺으며 - 다시, 하나 민족으로

재외동포는 더 이상 '외부 한국인'이 아니다. 그들은 세계 곳곳에서 살아가는 대한민국의 또 다른 얼굴이며 이름이다, 통일 이후 민족 공동체 연결고리이자 세계 시민사회 교두보이기도 하다.

광복 80주년, 이제는 이산 시대를 연결 시대로 전환해야 한다. 750만 재외동포와 함께 우리는, 세계 속에서 민족 미래를 그리고, 한반도 평화를 실현하며, 대한민국 국격을 높여가야 한다. 다음 세대가 다시 '우리는 하나'라고 말할 수 있도록, 지금이야말로 재외동포와 함께하는 통일의 꿈을 키워야할 시간이다.

《칼럼 13》

대한민국 제21대 대통령 이재명 정부에 드리는 국민의 기대

대한민국 제21대 대통령 이재명 정부가 출범하였다. 진보정권의 재집권은 한편으로는 지난 보수정권의 한계를 극복하려는 국민의 판단이자, 다른 한편으로는 '분열에서 통합으로, 갈등에서 상생으로' 나아가야 한다는 시대정신의 표출이다.

국민은 이번 선택을 통해 국민통합과 민생회복, 그리고 미래비전 실현의 새로운 길을 요구하고 있다. 이재명 정부에 대한 국민의 기대는 크다. 그 기대는 단지 '다른 정부'를 바라는 것이 아니라, '더 나은 대한민국'을 원하는 마음의 결집이다.

절실한 국민통합의 리더십

오늘 대한민국은 오랫동안 이념과 지역, 세대, 계층으로 갈라진 내적 분열의 늪에 빠져 있다. 국민은 더 이상 진영 논리에 갇힌 통치를 원하지 않는다. 국민은 국민 모두를 위한 대통령, 국민 전체를 껴안는 통합 정치를 기대하고 있다.

이재명 대통령이 보여주어야 할 첫 번째 리더십은 '편 가르지 않는 정치, 손 내미는 정치'다. 대립과 보복 역사를 반복할 것이 아니라, 화해와 협력으로 모두가 함께 사는 길을 여는 대통령이 되어야 한다.

민생 회복과 정의로운 사회 회복으로 나아가야

지금 대한민국 경제는 불안하고, 청년은 희망을 잃고 있으며, 고령층은 내일을 두려워하고 있다. 이재명 정부는 서민과 중산층, 그리고 사회 약자의 고통을 직접 마주해야 한다. 이를 위해 분야별 집중해야 할 내용은 이러하다.

- 청년에게는 일자리와 주거 안정
- 노동자에게는 공정한 보상과 안전
- 자영업자에게는 회복의 기회와 신뢰
- 농어민에게는 지속가능한 생계와 자존심
- 고령층에게는 삶의 존엄을 보장할 정책 설계

이 정부는 공정과 정의, 복지와 경제 균형을 반드시 이루어야 한다. 그것이 바로 진보정부에 거는 국민 기대이자 시대 명령이다.

한반도 평화와 통일의 주도국가로 나서야

광복 80년, 분단 77년. 2025년 현재 대한민국은 통일기 40년의 마지막 고개를 넘어가고 있다. 더 이상 통일은 미래의 과제가 아니다. 지금 우리가 결정하고, 우리가 준비해야 한다. 이재명 정부는 평화를 선언하는 데 그쳐서는 안 된다. 이제는 민족통합을 실천하는 정부, 한반도 평화를 설계하는 정부가 되어야 한다.

- 남북 주민 간 교류 확대
- 탈북민 지원 강화 및 사회 통합
- 북측과의 인도적 협력 복원
- 국제사회와 연대하는 통일 외교

무엇보다 중요한 것은 통일을 정부 주도가 아닌 국민 참여 시대정신으로 전환시키는 일이다.

'코리안드림 범국민통합연대'를 통한 시민통일운동

이제 대한민국은 정권 중심 통일정책을 넘어, 국민 중심 통일운동으로 전환해야 할 시점이다. 이를 위해 우리는 '코리안드림'을 기치로 진보와 보수, 종교와 학계, 청년과 디아스포라, 탈북민과 시민사회가 함께하는 '범국민통합연대'를 제안하고자 한다.

이재명 정부는 이 연대를 지원하되 간섭하지 않고, 도와주되 소유하지 않아야 한다. 이 운동은 민족 과제를 민(民)이 감당하는 첫 시도이자, 통일 대한민국으로 가는 가장 건강한 길이다.

미래를 준비하는 통합 대통령이 되어야

이재명 대통령은 국민이 요구하는 변화 기대에 응답해야 한다. 그 기대는 경제회복과 사회정의 균형, 통일에 대한 국민 상상력 복원, 공공성과 투명성 원칙, 그리고 시민이 주도하는 통일 비전이다.

이제 국민이 주인 되는 시대를 열어야 한다. 이재명 정부가 국민 통합, 민생 회복, 통일 실현이라는 국민의 3대 명령을 지혜롭게 받아들여야 역사 앞에 떳떳한 대통령으로 남을 것이다.

맺으며 - 역사의 중심은 언제나 국민

정권은 교체될 수 있지만, 민족 사명은 교체되지 않는다. 역사 중심에는 언제나 국민이 있다. 대한민국 제21대 대통령 이재명 정부는 진영이 아닌 국민, 정쟁이 아닌 통합, 권력이 아닌 사명감으로 한반도와 민족의 미래를 이끌어야 할 것이다.

에필로그

2025년은 광복 80주년이자 한일 수교 60주년이라는 뜻 깊은 해다. 돌이켜 보면 지난 60년 한일관계는 갈등과 협력, 분열과 화해, 외면과 공감이 교차하는 여정이었다. 그럼에도 우리는 끊임없이 관계를 회복하고, 미래로 나아가려는 노력을 멈추지 않았다.

이 책은 그 여정을 한일관계에 국한하지 않았다. 오히려 한·미·일이라는 삼각 축이 어떻게 세계질서의 중심축으로 발전할 수 있을지 통찰하고자 하였다. 동시에 현재 우리가 해야 할 제언을 담고자 했다.

이를 한마디로 말하면 '역사를 넘어서려는 용기'다. 역사는 잊지 말아야 하지만, 역사에 갇혀서는 안 된다는 의미다. 과거사를 직시하는 정직, 서로를 이해하고 포용하는 인내, 그리고 더 나은 미래를 후대에 물려주려는 책임이야말로 이 시대 우리에게 주어진 사명이다.

또 다른 하나는 '동맹을 넘는 공동체의 꿈'이다. 우리는 한·미·일 삼국의 협력이 단순한 군사 동맹이나 외교 편의가 아니라 가치와 사람, 기술과 문화가 만나는 '전략 공동체'로 발전할 수 있음을 보았다. 이를 위해 다룬 내용은 다양했다. 이 모든 것은 미래의 외교와 문명 파트너십의 중요성을 일깨우는 요소들이다.

- 자유와 민주주의, 법치라는 보편적 가치의 연대
- 반도체, 배터리, AI 기술의 실용적 협력
- 인도-태평양 전략 속 다자외교 중심 파트너십
- 청년과 시민이 함께 설계하는 공공외교 모델

100년을 위한 선택!

지금 우리는 다음 세기 대한민국 운명을 결정할 기로에 서 있다. 이런 상황에서 한일 수교 60주년을 성찰하는 것은 '새로운 100년을 어떻게 열어갈 것인가' 하는 뜻 깊은 질문이다. 답은 의외로 간명하다. '한·미·일이 함께 손잡고, 협력을 위한 질서를 창조하는 일', 그것이 우리가 헤쳐가야 하고, 이룩해야 할 사명이다.

정치는 바뀔 수 있다. 경제도 흔들릴 수 있다. 그러나 사람과 사람, 가치와 가치가 맺는 신뢰는 오래 흔들리지 않는다. 뿌리 깊은 나무가 바람에 흔들리지 않는다는, 샘이 깊은 물은 가뭄에 마르지 않는다는, 지혜를 담은 용비어천가의 표현처럼. 수교 60주년 이후 한일관계가 그러해야 하고, 한·미·일 관계가 그러해야 한다. 미래를 꿈꾸는 이들이여, 함께 외쳐 보자.

"다시, 함께 걷는 100년을 위하여!"